Generis

PUBLISHING

AF423857

DERECHO Y CRIMINALISTICA EN INFORMÁTICA FORENSE: DELITOS INFORMÁTICOS

Melecio Honorio Juárez Pérez

Sergio Alberto Ramírez García

Carlos Enrique Cabrera Pivaral

Sabina López Toledo

María Elena Aguilar Aldrete

Dalia Alejandra Madrigal Ruiz

Ana Rosa Rincón Sánchez

CIP a Camerei Naţionale a Cărţii

Derecho y criminalistica en informática forense: delitos informáticos / Melecio Honorio Juárez Pérez, Sergio Alberto Ramírez García, Carlos Enrique Cabrera Pivaral [et al.]. – Chişinău : Generis Publishing, 2020 (Print on demand). – 250 p.

Referinţe bibliogr.: 243-249 şi în subsol.

ISBN 978-9975-154-16-1.

343.7:004.056

D 33

Cover image: www.pixabay.com

Generis Publishing
Online orders: www.generis-publishing.com
Orders by email: info@generis-publishing.com

Co-editores y colaboradores
Mtra. Lucero Getzemaní Carmona Torres.
UNISIS-10- CA Biología Molecular, Derecho y biotecnología en Ciencias de la Salud
MSP. Ma. Rosalba Ruiz Mejía
Profesor Investigador Titular C, Centro Universitario de Ciencias de la Salud, Universidad de Guadalajara.
Dra. Luz Margarita Baltazar Rodríguez
Profesor Investigador Titular B, Universidad de Colima
MSP. Reynaldo Michel Duran III
Sistema de Educación Media Superior, Universidad de Guadalajara.
Dr. José Rafael Villafan Bernal
Catedrático de CONACYT, Universidad Autónoma de Aguascalientes
Dr. Rubén Alexander Elzaurdin Mora
Centro Internacional de Salud, La Pradera, Habana Cuba.
Dr. Luis Javier Flores Alvarado
Profesor Investigador Titular C, Centro Universitario de Ciencias de la Salud, Universidad de Guadalajara
Dra. Nory Omayra Dávalos Rodríguez
Profesor Investigador Titular B, Centro Universitario de Ciencias de la Salud, Universidad de Guadalajara.
MSP. Carlos J. Castro Juárez
Profesor Investigador Asociado C. Universidad de la Sierra Sur, SUNEO, Oaxaca, México.
Mtro. Manuel Juárez Morales
Programa de Maestría en Gobierno Electrónico. Universidad de la Sierra Sur

Sobre los autores

Melecio Honorio Juárez Pérez.

Licenciado en Derecho, Máster en Sistemas Penales Comparados y Problemas Social es, por la Universidad de Barcelona, España; Dr. En Derecho Público con especialidad en "Derecho Penal", Dr. En Derecho Privado con especialidad en "Derecho Civil y Mercantil", y Posdoctorado en Derecho. Centro de estudios superiores en ciencias jurídicas y criminológicas incorporadas a la UNAM. Doctor Honoris Cauca por el Claustro Mexicano Doctoral y el Senado de la Republica. En el Poder Judicial Fuero Común: a) Jefe de Procedimientos de Amparo de la Vigésima Sala b); Proyectista de la Séptima Sala Penal, Asesor del Presidente del Tribunal Superior de Justicia del Distrito Federal, y Secretario Auxiliar de Consejero en el Consejo de la Judicatura del Tribunal Superior de Justicia del Distrito Federal (Ciudad de México). En el Poder Judicial Federal: a) Oficial Judicial en funciones de Secretario Proyectista en el Juzgado Segundo de Distrito en Materia de Amparo Penal; b) Oficial Judicial en funciones de Secretario Proyectista en el Noveno Tribunal Colegiado en Materia Civil del Primer Circuito. A partir del 25 de febrero de 2008 a la actualidad como "Profesor asociado C de tiempo completo e investigador de la Universidad de la Sierra Sur", La Secretaría de Educación Pública (SEP) y El Consejo Nacional de Ciencia y Tecnología (CONACYT), a través del Sistema Nacional de Investigadores (SNI) otorgó a distinción de investigador nacional nivel 1 a partir del 1 de enero de 2015. Autor de Libros internacionales publicados 4, Libros en coautoría 4, Co-autor de capítulos de libro 4, 5 artículos arbitrados y/o indexados, conferencias por invitación; internacionales 4, nacionales 4.

Sergio Alberto Ramirez Garcia

Profesor Investigador Titular B de la Universidad de la Sierra Sur. Estancia sabática Nacional en Ciencias Médicas, CONACYT. Miembro del Sistema Nacional de Investigadores Nivel 1, CONACYT. Línea de investigación en Derecho privado, Medicina legal y Antropología y Genética forense.

Dr. Carlos Enrique Cabrera Pivaral.

Lic. Ciencias Médico-Quirúrgicas. Doctor en Ciencias de la Salud. Profesor Investigador Titular C de la Universidad de Guadalajara, Centro Universitario de Ciencias de la Salud, División de Disciplinas para el Desarrollo, Promoción y Preservación de la Salud. Departamento de Salud Pública. Nivel 2 del Sistema Nacional de Investigadores de CONACYT. 122 publicaciones *JCR/Scopus/Scimago/CONACYT, 2 libros y 8 capítulos de libro.*

Dra. Sabina López Toledo
Doctorado en Biomedicina, Maestría en Nutrición y Metabolismo, y Licenciatura en Nutrición. Profesor Investigador Asociado C, de la Universidad de Guadalajara.

Dalia Alejandra Madrigal Ruiz
Técnico Académico Asociado C del Departamento de Fisiología, Centro Universitario de Ciencias de la Salud, Universidad de Guadalajara.

María Elena Aguilar Aldrete
Profesor e Investigador, Titular C. CUCS, Universidad de Guadalajara. Médico cirujano y partero por la Universidad de Guadalajara; Maestría en Gerontología por la Universidad de Barcelona, España; Doctorado en Medicina en la Universidad de Barcelona y Universidad Rovira I Virgili. Es autora de más de 50 artículos en revistas nacionales e internacionales, autora en 12 capítulos de libros, coautora de 4 libros

Ana Rosa Rincón Sánchez
Profesor Investigador Titular C, Centro Universitario de Ciencias de la Salud, Universidad de Guadalajara. Nivel 2 del Sistema Nacional de Investigadores, CONACYT.

INTRODUCCIÓN

El avance científico y tecnológico exige cambios y transformaciones constantes que el ser humano realiza mediante su actualización tanto profesional, como de sus herramientas de trabajo. Dentro de dichas herramientas, se encuentran la diversidad de equipos tecnológicos, como ordenadores y servidores, dándole uso y servicio a las Tecnologías de Información y Comunicación (TICs) que sirven como medios de proceso en las redes sociales, que integran en parte de los medios masivos de comunicación en la vida del gobernado, en la que la tecnología actualizada es indispensable.

Los derechos humanos, desde el punto de vista jurídico y doctrinal, han transitado por cuatro generaciones: La primera generación (siglo XVIII-XIX) lo han constituido los derechos *civiles y políticos*; la segunda generación (siglo XIX-XX) la han conformado los derechos económicos, sociales y culturales; la tercera generación (siglo XX-XXI) la han conformado los derechos a la *justicia, paz y solidaridad*, y la cuarta generación (siglo XXI – a – hoy en día) "la *libertad de expresión*". Esta última considerada como un derecho humano fundamental y una condición de posibilidad para la defensa y el desarrollo de los demás derechos. Así pues, la información es un recurso estratégico por excelencia, la falta de libertad de expresión hace que la vida humana pierda una de sus características sustantivas. Se relacionan con la libertad de expresión, la *libertad de pensamiento* en todas sus manifestaciones y la *libertad de buscar y recibir información*. Esto tiene su fundamento en la Declaración Universal de los Derechos Humanos de 1948, donde cobra un papel fundamental el reconocimiento de la libertad de pensamiento, de conciencia y de religión (artículo 18), la libertad de investigar y recibir información (artículo 19), y la libertad de opinión su difusión sin limitación de fronteras por cualquier medio de expresión (artículo 19). Por otro lado, podemos decir que la interacción de pericia técnica con una voluntad solidaria de desarrollo y profundización de los derechos humanos serían patrones de calidad de vida en futuras generaciones sociales. El ciberespacio es un escenario donde se dirime una de las más decisivas batallas por la libertad de expresión, que es un derecho fundamental; pero este encuentra políticas restrictivas entre Internet y los derechos de proveedores y usuarios. Precisamente la libertad de expresión, es una interacción multidimensional que abarca múltiples contextos en la ciencia, la tecnología, la globalización económica, la comercialización, la educación y la cultura, entre otros aspectos, y constituye un mecanismo de defensa de diversidad de derechos humanos fundamentales de las personas.

Cabe destacar que la Relatoría Especial para la Libertad de Expresión de la Comisión Interamericana sobre Derechos Humanos (CIDH), ha establecido que en todo caso, las medidas restrictivas deben ser transparentes y estar sometidas a rigurosos controles de órganos autónomos y especializados de manera tal que tengan la capacidad técnica y las garantías suficientes para resguardar posibles amenazas estructurales respecto de internet o de la integridad de las comunicaciones.

En el caso de México, requeriría de entrada, que estuviera involucrado el Instituto Federal de Telecomunicaciones. Además, realizar un protocolo no es lo más adecuado debido a que cualquier restricción a la libertad de expresión – en internet o en cualquier otro ámbito– se refiere a la necesidad de que tal restricción se encuentre establecida por medio de leyes en sentido formal y material y que dichas leyes sean claras y precisas. Serían incompatibles con la Convención Americana Sobre Derechos Humanos, las restricciones sustantivas definidas en disposiciones administrativas o las regulaciones amplias o ambiguas que no generan certeza sobre el ámbito del derecho protegido y cuya interpretación puede dar lugar a decisiones arbitrarias que comprometan de forma ilegítima el derecho a la libertad de expresión. Así que el Estado mexicano debe ser garante de la libertad de expresión en toda su extensión en la República mexicana.

En la presente obra, se analiza el fenómeno tecnológico y científico, ocasionado por la globalización económica que impulsa el sistema económico neoliberal. De ahí que las personas (físicas y morales) que no se actualizan en sus actividades y funciones quedan a la deriva, es decir se van quedando obsoletos, lo cual los hace menos competitivos en cualquier sociedad donde se encuentren, por lo tanto, los sujetos de derechos y obligaciones -personas- se ven sumergidos a actualizarse. Para lograr este objetivo, es necesario que tres actores asuman una responsabilidad: **1**. El Estado mexicano, a través de su elemento "**Gobierno**" en sus tres niveles (Federal, Estatal y Municipal), en forma coordinada, debe asumir la responsabilidad mediante políticas públicas a atender los derechos humanos fundamentales de las personas a implementar una educación adecuada sustentada en una visión y panorama competitiva, globalizada, que vaya de la mano con el avance científico y tecnológico de las sociedades y ponerse a la vanguardia de los países más desarrollados en el mundo, en sus planes y programas de estudio que implante en las escuelas, universidades, institutos, tecnológicos, entre otros, encargadas de impartir educación el nivel que sea, sean éstas públicas o privadas, ya que el avance tecnológico así lo requiere y obliga a todos los gobernados a asumir su actualización, ya que en cuestión de segundos a través de las Tecnologías de Información y Comunicación (TICs) y con el uso de internet se sabe lo que eʈʈ pʈʈʈndo en cuʈlquier pʈrʈe del plʈneʈʈ ʈierrʈ; **2. Los padres de familia** o tutores deben asumir la responsabilidad de verificar que sus hijos cumplan con su obligación de cumplir con su deber jurídico de estudiar, hacer sus tareas, prácticas, trabajos o cualquier actividad académica que le encomienden sus docentes, lo cual constituye una responsabilidad familiar en el desarrollo intelectual de sus hijos, y **3**. El **estudiante** que debe asumir la responsabilidad de estudiar, que es un atributo, un derecho humano universal que le brinda tanto el gobierno así como los padres de familia o tutor al hijo como alumno, además de ser una herencia invaluable, ya que todo ser humano aspira a ser un profesionista ejemplar en la sociedad donde habita, además de ser inédito para su familia, y por parte de la sociedad donde es originario.

Ahora bien, bajo esas vertientes indispensables hacia una educación de calidad que se requiere en cualquier sociedad del mundo contemporáneo, una de las herramientas y mecanismos formales por excelencia, surge la necesidad de crear el *derecho informático* el cual se puede conceptualizar como "la disciplina encargada de verificar el desarrollo científico y tecnológico de la educación, que versa sobre principios y normas que regulan los efectos jurídicos de la relación entre el derecho y la informática aplicada al alumnado en unʈ inʈʈiʈución educʈʈivʈ; ʈdemáʈ, de ʈer unʈ herrʈmienʈʈ de ʈrʈbʈjo indispensable para el gobernado en cualquier área donde preste sus servicios como trabajador, como empleador, o cualquier rol que desempeñe en la sociedad, y como herramienta de información en general y cultural para el gobernado".[1]

En la actual era de la información, mediante los procesos sistematizados electrónicamente, es posible influenciar el sector social, por ejemplo con el desvío de fondos, robo de datos y de información, pérdida o destrucción de información, saboteos en equipos, espionajes, amenazas, terrorismo cibernético, delitos contra la propiedad intelectual e industrial, e infinidad de delitos que atentan contra la garantía de libertad y seguridad jurídica de las personas en cualquier sociedad o demarcación social. En estos tipos penales, la herramienta es la informática y las TICs sirven como medio en la comisión de los citados delitos cibernéticos; con lo que el usuario de dichas herramientas es un delincuente o con una mentalidad patógena tendiente a causar un daño a una persona a través de la cibernética. Por lo tanto, el Derecho y la Informática, exigen al ser humano incorporarse a las exigencias de una sociedad avanzada que hoy en día está inmerso de afectación por los estragos de la delincuencia a través de la informática conocida como delitos cibernéticos, que se analizan en la presente obra.

Por otra parte, también hay una visión positiva de la informática y el uso del internet ya que hoy en día son herramientas indispensables en el comercio electrónico, en las ofertas de productos, en la educación a distancia, en las video-conferencias, webinar, en el marketing digital, en las transferencias, en compras de bienes o servicios, en pagos, entre otras actividades de cualquier sociedad del mundo. Con el internet se traspasan barreras y fronteras, pues basta que los servidores estén conectados al internet y el ser humano puede estar conectado a todo el mundo, para realizar cualquier actividad con la información que tenga en la base y/o red de datos.

Entonces, el derecho del ser humano de realizar un acto jurídico o un hecho jurídico, que encuadre dentro de un supuesto hipotético de un precepto (s), de una fracción, párrafo, de una norma jurídica, con el uso o incorporación de la informática es lo que se conoce como *derecho informático* lo cual se sustenta en el conjunto de leyes, normas jurídicas, éticas y principios aplicables a los hechos y actos de las personas con el uso de la informática y del internet, que

---

[1] Juárez Pérez, Melecio Honorio. (Licenciado en Derecho, cuenta con dos Maestrías, tres Doctorados y un Posdoctorado). Autor de libros publicados en editoriales de prestigio, artículos, Journal, Paper publicados en revistas de prestigio. Investigador, Docente, Conferencista Nacional e Internacional. Además, destacado por sus reconocimientos nacionales e internacionales, y su excelencia académica.

en estos tiempos exige actualización constante con el avance científico y tecnológico necesario en las sociedades, lo que se analiza en el presente libro.

La presente obra consta de ocho capítulos desarrollados profesionalmente por los autores, además en cada capitulo se refleja la capacidad, el conocimiento actualizado y la investigación científica y tecnológica avanzada, requerida por las instituciones educativas nacionales e internacionales en la actual era de la tecnología y crecimiento científico; requerido por la sociedad en cualquier área geográfica del planeta, de ahí que la obra viene a contribuir en la edificación del conocimiento del estudioso del derecho y de la informática.

Invierno de 2019.
Posdoctor. Melecio Honorio Juárez Pérez.

Índice

Capítulo Uno

Derecho y normas jurídicas aplicadas a la informática

1.1. Normas jurídicas que rigen a la sociedad.

La sociedad está conformada por individuos y personas (físicas y morales) que viven en una determinada porción territorial y estos son regulados por normas jurídicas, normas religiosas, normas éticas, normas morales, normas técnicas y por los convencionalismos sociales, así como por costumbres y tradiciones. Pero de éstas normas, las únicas que son obligatorias de aplicación a las personas son las normas jurídicas.

Individuos. Es la unidad elemental que vive aislado de los demás. En una porción territorial y es el núcleo elemental que conforma a la sociedad.

Desde el punto de vista objetivista normativa, se puede definir a la persona en base a las dos corrientes y sistemas jurídicas que prevalecen actualmente en el mundo, las cuales se pueden considerar de dos maneras: la *primera* como *la ius positiva formalista* que considera y conceptualiza a la **Persona** como "todo ente titular de derechos y obligaciones". La *segunda*, conocida como la *corriente funcionalista* que prevé que es "cada persona que ocupa o desempeña una función dentro de una sociedad".[2]

Bajo esas dos focalizaciones, podemos decir que las **personas** se dividen en:

Física: todo individuo que se vale por sí mismo o a través de una tercera persona para ejercer determinados derechos u obligaciones.

---

[2] Juárez Pérez, Melecio Honorio. Primer Autor en la presente obra. Titular de la materia de "Derecho Civil, Mercanţil y Fţmiliţr; Argumenţţción y Redţcción de Senţenciţţ Judiciţleţ" de la Escuela Judicial del Poder Judicial del Estado de Guerrero, de 2018 a la fecha. Así, como Titular de las materias de "Derecho Penal, Derecho Penal Internacional, Derecho Constitucional, Juicio de Amparo, Metodología de la Investigación, Género y Sistema Penal", entre otras materias de 2010 a la Fecha, a nivel Maestría y Doctorado Semi-escolarizado (sábados), en el Centro de Estudios Superioreţ en Cienciţţ Jurídicţţ y Criminológicţţ; y maestro de "Tópico de los Contratos" a nivel maestría en la Facultad de Derecho de la Universidad Autónoma "Benito Juárez" de Oaxaca.

Moral: es aquella agrupación de personas que es representado por uno o más representantes (presidente, consejos de administración, de vigilancia, direcțoreț, gerențeț; ayuntamientos, gobernantes, secretaria de la república, secretaria del estado, órganos de gobierno, y todas aquellas personas que permiten las normas jurídicas).

Moral privada: son el conjunto de personas representadas por una Asamblea General de socios, un Consejo de Administración, un Consejo de Vigilancia, Directores, Gerentes, Administradores, entre otros, y a través de éstos ejercen sus derechos y obligaciones.

Persona moral pública: es el conjunto de individuos que son representados por la Administración Pública, centralizada o descentralizada, a nivel federal[3]; su equivalencia funcional a nivel Estatal, como las Secretarías de Gobierno o cualquier dependencia gubernamental en funciones y con las facultades que leț confieren lȚț normȚȚ jurídicȚȚ y leyeț orgánicȚȚ; Ț nivel MunicipȚl țe cuenta como un ayuntamiento, las regidurías o por algún otro órgano de gobierno municipal, por organismos descentralizado o paraestatales, centralizados, y que a través de sus titulares ejercen sus derechos y obligaciones.

Por lo que podemos definir a los **Derechos y obligaciones** en los siguientes términos:

Derecho. Es un conjunto de disposiciones legales de normas jurídicas que rigen a las personas dentro de una sociedad.

Dado que las disposiciones legales también se conocen como normas jurídicas, basta recordar que una sociedad también es regida por normas morales, religiosas, éticas, étnicas y por los convencionalismos sociales.

Obligación: Es la Facultad que tiene una persona llamada acreedor de exigir a otra persona llamada deudor el cumplimiento de una obligación de dar, hacer, no hacer y complejas.

---

[3] Congreso de la Unión, LXIV Legislatura. Constitución Política de los Estados Unidos Mexicanos (artículo 90), Cámara de Diputados, México, 2019.

1.2. Propósitos del Derecho.

Con antelación hemos definido al Derecho como un conjunto de normas jurídicas que rigen a la conducta externa de las personas dentro de la sociedad. Ahora bien, podemos decir que el **propósito** del derecho es regular la conducta de las personas dentro de la sociedad; solo en materia familiar y, esporádicamente en materia penal (delitos sexuales) las normas jurídicas se encargan de estudiar la moral, lo cual ordena que estos asuntos se deban de tratar en privado, con la absoluta discreción y con determinada regla de ética, así como la seguridad que debe prevalecer, en los citados asuntos.

La conducta que regula las normas jurídicas es precisamente de las personas y es definida como el comportamiento de las personas dentro de la sociedad. Dicha conducta, para ser tomada en cuenta por el *derecho penal* debe ser:

Antijurídica: que son contrarias a las normas jurídicas y a la moral.

Culpable: deriva de la culpabilidad, y se puede conceptualizar como el nexo intelectual y emocional que une al sujeto con su acto.

Típica: debe estar regulado por alguna norma jurídica que está prohibida su condición.

1.3 Normas Jurídicas

Normas jurídicas: es el conjunto de normas de carácter general, impersonal, abstracto, coercitivo, imperativo-atributivo que se encarga de regular, sancionar y aplicar medidas correccionales a todas aquellas personas que han infligido una norma jurídica.

Las **Normas jurídicas** representan las siguientes características:

a) General: Porque rige a todas las personas en general, además, no toma en cuenta la condición económica, raza, sexo o características entre personas (todos son iguales ante la ley).

b) Abstracto: Porque atraen o someten la conducta de las personas a un estado de derecho, es decir, someten la conducta y el comportamiento de las personas a una determinada norma jurídica que le resulte aplicable a cada caso concreto.

c) Indivisible: Porque le toca sujetar y ver el exacto cumplimiento del comportamiento de los individuos o de las personas, al estado de derecho.

d) Coercitivo: Porque prevé sanciones, medidas de seguridad, penas privativas de libertad, como pagos, multas, sanciones.

El jurista mexicano García Maynez[4], dice que las normas jurídicas pueden ser clasificadas por su coercitividad, en:

a) Normas perfectas: Son aquellas que prevén una pena privativa de libertad y una multa.

b) Normas jurídicas *Plus Quan* perfectas: Son aquellas normas jurídicas que prevén una pena privativa de libertad, una multa y la reparación del daño.

c) Normas Jurídicas *Minus Quan* Perfectas: Son aquellas que solo provén una multa.

d) Normas jurídicas imperfectas: Son aquellas normas jurídicas que solamente prevén una amonestación o alguna sanción administrativa mínima.

Por otro lado tenemos, respecto a la característica **Imperativo-atributivo**: porque impone derechos y obligaciones. Pero a la vez concede determinadas facultades a las personas que regula.

Así tenemos, que las normas jurídicas imponen determinados deberes, pero también conceden derechos, facultades, y atribuciones a todas las personas, tratando en igualdad de oportunidades a todas las personas.

1.4. Conceptos jurídicos fundamentales

Dentro de los conceptos jurídicos fundamentales, tenemos:

a) Filosofía: Es la ciencia de todas las cosas por sus causas más altas. La pţ lţ brţ filoţofíţ derivţ de doţ pţ lţ brţţ griegţţ; filoţ-philey amigo o amante, y sophia-saber o sabiduría.

Por lo ţţnţo, filoţofíţ quiere decir; ţmigo o ţmţnţeţ del ţţber o de la sabiduría.

b) Lógica: Es el arte del razonamiento, pensamiento hipotético, desarrollado a través de una metodología.

---

[4] García Maynez, Eduardo, Introducción al Estudio del Derecho, 61ª edición, Porrúa, México, Pp. 89-91, 2009.

c) Ética: Deriva de dos palabras griegas; ethos - costumbres o tradición, ica-ciencia, por lo que ética quiere decir: ciencia que se encarga del estudio de las costumbres, pero las costumbres deben ser buenas, para que lleguen a conformar las buenas costumbres para educar a la sociedad.

Uno de los precursores de la ética es Aristóteles, se dice que es primer autor griego que se encarga de escribir el primer resumen o ensayo, inspirado en su hijo, Nicomaco o Nicomaquea de ahí que el ensayo se llama: "Ética a Nicomaquea". En esta obra Aristóteles se encarga de implementar y fomentar las buenas costumbres, las éticas, positivas, que existen en aquella era en la sociedad y que servirán para que contribuya a la buena moral.

d) Sociología: La sociología deriva de dos vocablos griegos, socios o societate- sociedad, las-estudio, sociología es la ciencia que se encarga de estudiar la sociedad, su transformación, su desarrollo, así como los fenómenos naturales; sismos, terremotos; inseguridad, robo, secuestro, trata de menores, delincuencia organizada en sus diversas modalidades, entre otros fenómenos.

e) Epistemología: Es la rama de la filosofía que ayuda al ser humano a comprender todo tipo de cultura dentro de la sociedad.

f) Demografía: Es la ciencia que se encarga del desarrollo y crecimiento del capital humano, así como la descripción del pueblo.

g) Derecho: Es un conjunto de disposiciones legales que rigen a las personas dentro de la sociedad.

h) Axiología: Es la disciplina que se encarga de estudiar los valores humanos, valores sociales, valores universales.

1.5 Fuentes del Derecho.

Las fuentes del derecho, las podemos clasificar en[5]:

1. Históricas. Son todos aquellos documentos, páginas web, cd's, libros, revistas, pergaminos o cualquier otro documento que guarda el contenido de una forma (escrita, online o cualquier otra forma) de una Norma jurídica.

2. Materiales o Reales. Son todos aquellos fenómenos naturales, sociales, políticos, económicos, tecnológicos, científicos, educativos, culturales,

---

[5] Juarez Pérez, Melecio Honorio, Toto, Jimenez, Diego, Martínez Pelaez, Rafael. Derecho Informático: ¿Necesario para reducir delitos en la Red?, EAE y amazón, España, 2016.

etcétera, que origina que el legislador llegue a crear determinadas normas jurídicas sobre la materia de la que se trata. Por ejemplo la ley general de ciencia y tecnología, le ley general de educación, la ley general de transparencia y acceso a la internación pública gubernamental, la ley federal de instituciones políticas y procedimientos electorales, la ley general de igualdad de género, entre otras, normas, que regulan fenómenos que les dieron origen.

3. Fuentes formales: Son aquellas legales que el legislador crea o a sustentado en una fuente real o material, sobre una determinada rama de derecho, derivado de un fenómeno social, político, económico, científico, tecnológico, o de cualquier otra naturaleza para crear una determinada norma jurídica, sobre la materia.

Respecto a las fuentes formales tenemos:
a) La Legislación es el resultado de un proceso legislativo: iniciación, discusión, aprobación, sanción, promulgación e iniciación de la vigencia.

La legislación tiene su fundamento en los artículos 71 y 72 de la Constitución Política de los Estados Unidos Mexicanos, los cuales regulan el proceso legiţlţ ţivo; y quieneţ pueden iniciţr el proyecto de creación de las normas jurídicas es el Congreso de la Unión, conformado por la Cámara de Diputados(500 diputados federales) y la Cámara de Senadores(128 cenţ doreţ); El Titular del Poder Ejecutivo Federal, los Congresos de las Entidades Federţ ţivţ ţ; loţ Gobernadores de las Entidades Federativas; y el 33% de la sociedad en la edad electoral, en la República Mexicana. Este último así lo ordena el artículo 50 de la Constitución Política de los Estados Unidos Mexicanos.
b) Costumbre: Es la repetición de actos semejantes realizados de un modo constante por el pueblo, y por la convicción de una necesidad jurídica, tiene su fundamento en el artículo 2º de la Constitución Política de los Estados Unidos Mexicanos, donde ordena que la federación, los estados y municipios respetaran los usos y las costumbres y preservaran las tradiciones de determinados grupos sociales.
c) Jurisprudencia: Es la interpretación que hacen los magistrados de los Tribunales Colegiados de Circuito, los Ministros de la Suprema Corte de

Justicia de la Nţción; loţ Magistrados del Tribunal Federal Elecţorţl; El Tribunal Unitario Agrţrio; El Tribunal Federal de Justicia Fiscal y Adminiţţrţţivo; ţl reţolver un cţţo concreţo.

Lţ juriţprudenciţ ţe creţ de doţ formţţ;

a) Por actos reiterados en la cual se requieren cinco ejecutorias o resoluciones de sentencias, parecidas, aunque estas se le den en diferentes lugares porque sean entidades federativas, o ciudades importantes.

d) Por contradicción de tesis: consiste en que la suprema corte de justicia de la nación, funcionando en Salas o en Pleno se aboque a resolver la conţrţdicción; o por la jurisprudencia creada por actos reiterados y determina cuál de estos es la que debe prevalecer.

e) Tratados internacionales: Son acuerdos bilaterales, trilaterales o multilaterales, que forman los acuerdos entre las partes relativo a la materia de

educación, en materia de comercio, en materia laboral en materia de ciencia y tecnología, en materia de seguridad, en materia de migración en materia aérea, en materia de importaciones y exportaciones, etcétera.

f) Doctrina: Son los estudios que realizan los estudiosos de una determinada área o disciplina sobre algún tema en específico, para dar o generar un producto científico o tecnológico como es el caso de un software, un patente, un ensayo, un libro, un artículo de una revista, una conferencia magistral, una antología, una canción, notas musicales, etcétera. Las cuales son reguladas por la Ley Federal de los Derechos del Autor, así como por la Ley de Propiedad Industrial.

g) Principios generales del Derecho: Son aquellos principios de carácter jurídico que los doctrinarios, así como los legisladores le sirven de sustento al creţr un producţo cienţífico; unţ reţolución judiciţl sustentada en determinadas normas jurídicas, ya sea del fuero federal, local o municipal.

1.6. Ramas del derecho

Por cuestiones metodológicas los juristas dividen el derecho en tres, lo cual lo analizamos en el siguiente esquema:

I) Derecho Constitucional. Es el conjunto de disposiciones legales que regulan a los derechos humanos, así como su garantía de los gobernados en

México, así mismo se encargan del estudio de la estructura del estado mexicano y de sus relaciones con otros países.

A nivel mundial cada estado (país) cuenta con una constitución federal, conocido también como la carta magna o la ley fundamental de estas.

En el caso de México la ley fundamental de nuestro país es la "Constitución Política de los Estados Unidos Mexicanos". Esta se divide en dos partes fundamentales: la primera parte se denomina de los "derechos humanos y su garantía", que comprende a los artículos del 1-28 ya que el artículo 29 se refiere ṭ lṭ ṭuṭpenṭión de loṭ derechoṭ humṭnoṭ y lṭ gṭrṭnṭíṭ de eṭṭoṭ; y lṭ segunda parte

denominada "parte orgánica", que comprende los artículos del 30 al 136 de la citada ley fundamental en los cuales se encuentra inmersas la división de poderes, así como también la relación de los órganos de estado y de gobiernos que existen en la república mexicana, pero en esta parte también se encuentra regulados algunos derechos humanos y la garantía de estos tanto para los gobernados así también para los gobernantes, y que existen las facultades de subordinación y su coordinṭción; ṭ demáṭ loṭ gobernṭdoṭ de México gozan de todas las garantías pero estos no deben transgredir derecho de terceras personas, y aquellos que vayan en contra de las normas jurídicas, de la moral, y de las buenas costumbres, ya que infringen el principio "nadie puede hacer más que o que dispone las normas jurídicas", este principio rige tanto a los gobernados y gobernantes.

La primera parte de la constitución federal denominada "De los derechos humanos y su garantía "También es conocida por la doctrina, como parte dogmática, en esta se encuentra los siguientes derechos humanos:

I) Derecho humano a la libertad. Es un derecho del que deben de gozar todos los individuos y los cuales deben ser garantizados por los órganos del gobierno, además deben ser conforme al derecho, a la moral, a las buenas costumbres y a la ética.

II) Derecho humano a la igualdad. El varón y la mujer serán iguales ante la ley, tiene su fundamento en el artículo 4º. De la Constitución Federal.

III) Derecho humano a la propiedad. Faculta a todos los gobernados para que en México gocen de la propiedad, tiene su fundamento en el artículo 27, de la Constitución Federal, también se refiere a los atributos de la personalidad, nombre, domicilio, estado civil, patrimonio y racionalidad.

IV) Derecho humano a la seguridad pública[6]. Todos los gobernados en México y extranjeros deben disfrutar de la seguridad pública que brinda el estado mexicano, para esto ha creado determinados órganos del gobierno para resguardar la seguridad nacional, para esto se cuenta con la Guardia Nacional, la Secretaria de

Gobernación, la Fiscalía General de la República, Agencias Especiales de Investigación.

El objetivo es no efectuar a terceras personas, aunque la manifestación de las ideas, no debe ser objeto de inquisición, también se aceptan ciertas opiniones y criticas pero deben ser de carácter científico, pedagógico y constructivistas, además sustentadas en pruebas o demostraciones, dentro de estas tenemos a la libertad de vivir y disfrutar de una vida digna, decorosa, libre de pensamiento, de obra y actuación, así como la diversidad de opinión, expresiones, de educación, de cultura, de generación, de riqueza, de trabajo, de libertad de elegir pareja, libertad sexual, libertad de procreación de hijos, libertad de relaciones sociales, libertad de creencia. (Artículos 24 y 130 de la Constitución Federal, libertad de tránsito, libertad de disfrutar de un ambiente sano y saludable, libertad de generar riqueza, libertad de seguridad pública, de la salud pública y de los derechos sociales).

V) Derecho penal; es la rama del derecho público, relativo a las penas y medidas de seguridad cuyo fin inmediato es la creación y conservación del orden social establecido[7].

Cabe decir que el Derecho Penal, se encarga de los delitos informáticos, también conocidos como delitos cibernéticos, dentro de estos se encuentran el robo, que puede ser el robo de datos y de información, fraude electrónico, espionajes, amenazas, ataques cibernéticos, los cuales se llevan acabos atreves de los medios electrónicos, atreves del uso de internet, a través de un determinado link que es ocasionado por los crackers, (cracking, persona

---

[6] Ferrajoli, Luigi. Teoría Garantista de Derecho Penal, Tenos, Madrid, España, 2008.
[7] Castellanos Tena, Fernando. Lineamientos Elementales del Derecho Penal Mexicano, 18ª edición, Porrúa México, 2008.

experta de llevar acabo el rompimiento de la seguridad y de algoritmos matemáticos que sirven para brindar seguridad a una página web).

VI) Derecho administrativo. Tiene su fundamento en el artículo 90 en la Constitución Políticas de los Estados Unidos Mexicanos, el cual dispone que la Administración Pública para su ejercicio, se divide en Centralizada y Descentralizada o para estatal, la centralizada a nivel federal la componen dieciocho Secretarias de Estado, incluyendo por arriba de éstas la Presidencia de la República, luego tenemos a la Secretaria de Gobernación, la SEP, la SEMARNAT, la Secretaria de Marina, la Secretaria de la Defensa Nacional, la Secretaría de Bienestar Social, la Secretaria de Relaciones Exteriores, la Secretaria de Salud, Secretaría de Desarrollo Agropecuario Territorial y Urbano, Secretaria de Comunicaciones y Transportes, la Secretaria de Turismo, entre otros. Y dentro de los descentralizados, o paraestatales, tenemos a Pemex, CONASUPO, LICONSA, IMSS, ISSSTE, INFONAVIT, FOVISSSTE, CONACYT, Comisión Federal de Electricidad, por citar algunos. Así también existen organismos públicos autónomos como el Instituto Nacional Electoral, la Comisión Nacional de los Derechos Humanos, la Fiscalía Generar de la República, entre otros. Todos estos órganos que conforman parte integrante de la administración pública federal, es para atender determinadas necesidades de los gobernantes en México. Por lo tanto, podemos definir al derecho administrativo como el conjunto de normas jurídicas encargadas de otorgar y satisfacer las necesidades de los gobernados en México.

VII) Derecho internacional: Por cuestiones metodológicas el derecho internacional se divide en dos, que son:

a) Derecho internacional público: Es el conjunto de normas jurídicas que regulan las relaciones entre dos o más Estados (Países), los cuales se encuentran en los convenios, acuerdos y tratados internacionales de diversas materias, que benefician a los estados partes que los eleva, los cuales son en materia de educación, en materia tecnológica, seguridad, terrorismo, conservación del medio ambiente, ataques nucleares, en materia económica, en materia de migración internacional, o de cualquier otra naturaleza que tengan interés por suscribir los estados contratantes.

Nota: en el caso derecho internacional público los Estados parte deben firmar el tratado internacional sobre determinada materia o disciplina.

b) Derecho Internacional privado: Es el conjunto de disposiciones legales plasmados en acuerdos, convenios, o tratados internacionales en los cuales solamente intervienen las personas de dos o más estados parte, relativos a cuestiones personales o personalísimos, como el matrimonio entre personas extranjeras, el trabajo que realizan los extranjeros en alguna parte o en alguna institución de algún órgano de gobierno, como es el caso de los maestros que imparten las clases de inglés en Escuelas y Universidades mexicanas, caso en la UNSIS, aquellas personas físicas o morales que realicen actos de comercio a nivel internacional, la validación de grados académicos tanto de mexicanos que realizaron estudios en el extranjero, así como de los extranjeros que realizan sus estudios en alguna inţţitución educţţivţ en México; ţţí ţţmbién como en aquellos actos o actividades en los que solamente intervienen las personas mexicanas en la interacción con otras personas extranjeras.

El Derecho Internacional tiene su fundamento formal en el artículo 133 de la Constitución Federal, pero con las materias en los que se desarrolla como la educación, allá su fundamento en el artículo 3º de la Constitución Federal y de su ley reglamentaria (Ley General de Educţción); en mţţeriţ de medio ambiente y calentamiento global los tratados internacionales deben adecuarse a lo que dispone parte del artículo 27 de la Constitución Federal y su ley reglamentaria (Ley General de Equilibrio Ecológico); en mţţeriţ lţborţl debe sustentarse en lo que disponen los artículos 5 y 123 de la Constitución Federal, en relación con los tratados internacionales derivados de la "Organización Internacional del Trabajo-OIT". Y así existen múltiples disciplinas sobre los que versan los tratados internacionales.

Nota: En el caso del derecho internacional privado el gobernado como persona física o moral hace uso de los tratados suscritos por México, tal es el caso que en materia de educación los estudiantes mexicanos pueden realizar estudios en el exţrţnjero o viceverţţ; en mţţeriţ comerciţl el empreţţrio o empresarios mexicanos pueden realizar actos de comercio con otros comerciantes extranjeros o con empresas, lo cual se hace con comercio exterior ya sea para importaciones o exportaciones.

VIII) Derecho fiscal. Tiene su fundamento en el artículo 31, fracción IV de la Constitución Federal, que dispone:

"Artículo 31. Son obligaciones de los mexicanos... IV. Contribuir en los gastos públicos de la federación, estados, y municipios."

Por lo tanto, podemos conceptualizar al derecho fiscal como el conjunto de normas jurídicas que se encargan de las contribuciones de mejoras, aportaciones de seguridad social, derechos e impuestos, de esta ultima la de fijar la base gravable (por ejemplo el IVA es el 16%, el ISR es el 30%), época de pago (provisional "Se entera o paga el día 17 de cada mes por el patrón a la autoridad tributaria", y definitivo "Se paga dentro de los 90 días, o el termino de gracia que las normas fiscales prevén, pero la regla general es que deben pagarse dentro de los 90 días del ejercicios fiscal que antecede").

IX) Derecho marítimo: es el conjunto de normas jurídicas que se encargan del estudio del mar, las aguas marinas, las playas, lagos, lagunas, ríos, arrecifes, y todo lo relacionado con los recursos hídricos. Tiene su sustento en el artículo 27 de la Constitución Federal y su ley reglamentaria (Ley General del Mar).

X) Derecho espacial. Es el conjunto de normas jurídicas que se encargan del estudio del espacio aéreo, que comprende el territorio mexicano, así como el del espacio marítimo, lo cual es ocupado para los avisos de aviación (turístico, comercial, de pasajeros, y en materia de seguridad). También tiene su sustento en el artículo 27 de la Constitución Federal.

Clasificación del derecho privado.

I) Derecho civil. Es el conjunto de normas jurídicas que se encargan del estudio de la persona, así como sus atributos de la personalidad, bienes y derechos reales, obligaciones, contratos, y sucesiones.

Persona: Es todo ente titular de derechos y obligaciones.

Bienes y derechos reales, es el conjunto de objetos o cosas que se encuentran en un determinado espacio que se pueden palpar, sentir, ver, determinar (peso, medida, contar o cualquier otra forma de determinación).

Sucesiones. Proviene de la herencia que es la sucesión del todos lo bienes del difunto que no se extingue con la muerte.

El Código Civil Federal, así como el Código Civil de las Entidades Federativas, regulan los tipos de sucesiones que son: a) La intestamentaria o legitima, y la testamentaria. En el primer caso se refiere a aquellos casos en que el titular de la sucesión, no deja testamento sobre sus bienes y no determinţ ţ quien heredţr; y en el ţegundo cţţo dejţ ţ ţuţ herederoţ, y loţ especifica en su testamento, y en este caso lo hace en vida.

II) Derecho mercantil. Es el conjunto de normas jurídicas que estudian al comerciante (Persona física o moral que en forma constante, reiterada o provisional realiza actos de comercio), a los actos de comercio, pero siempre que sean lícitos.

 Tiene su fundamento en el artículo 5 de la Constitución Federal, que en lo que nos interesa establece "…Toda persona puede dedicarse a la industria o comercio que más le agrade, siempre y cuando sea lícito". De este artículo deriva el código de comercio.

III) Derecho bancario. Es el conjunto de normas jurídicas que se encargan de las actividades que realizan las instituciones de crédito, de los actos de comercio que estos realicen o de cualquier otra actividad cuyo objeto es alcanzar un beneficio económico llamado lucro.

Clasificación del derecho social:

i. Derecho laboral. Es el conjunto de normas jurídicas que estudian las condiciones económicas, los derechos sociales, las relaciones de cualquier tipo que surjan entre patrón y trabajador, en lo referente a las condiciones generales del trabajo.

Tiene su fundamento en el artículo 5 y en el 123 de la Constitución Política de los Estados Unidos mexicanos.

ii. Derecho agrario. Es el conjunto de normas jurídicas que se encargan del estudio del uso, forma de tenencia de la tierra (comunal, ejidal, y propiedad privada), su explotación de los recursos naturales que se encuentran en éste. Tiene su fundamento en el artículo 27 de la Constitución Federal.

iii. Derecho económico. Es el conjunto de normas jurídicas que estudian a la economía social, nacional e internacional, así como el crecimiento de la república mexicana a través de su desarrollo económico.

iiii. Derecho familiar. Es el conjunto de normas jurídicas que estudian a la familia, matrimonio, reconocimiento de hijos, adopción, tutela, curatela, curatris, guarda y custodia de menores o de personas, paternidad, maternidad, alimentos, divorcio, y sucesiones.

Capítulo Dos

Primicias de derecho informático

2.1. Derecho informático e informática jurídica

El jurista mexicano Julio Téllez Valdez, dice que el derecho informático es una disciplina que se encarga de cualquiera de sus ramas, que lleva acabo su aplicación y suscripción a través de un medio electrónico y a través de un sistema electrónico, la cual se puede desarrollar a través de las tecnologías de la información y comunicación.

Al respecto podemos decir que tiene razón el citado jurista, ya que en cualquier sistema electrónico, basta que se cuente con el internet, se puede accesar a cualquier tipo de normas jurídicas pues basta ingresar en la página del Congreso de la Unión, que es www.diputados.gob.mx, luego buscando la ruta "Leyes federales y poderes estatales" y basta con dar un click en estos, se puede accesar, a consultar, a bajar, o guardar cualquier norma jurídica, tanto las federales así como las leyes y normas jurídicas de las Entidades Federativas. Este acceso también se puede hacer desde cualquier teléfono móvil, pues basta con que se cuente los servicios de internet y accesar a la página oficial y también se puede obtener la citada información, en la cual podemos encontrar desde las leyes más antiguas hasta las últimas reforma, de lȶ miȿmȶ mȶnerȶ ȶe puede ȶcceȿȶr ȶl diȿrio oficiȶl de lȶ federȶción; ȶȶmbién dichas normas jurídicas se pueden encontrar en las páginas oficiales del Poder Ejecutivo Federȶl; ȶȶí ȶȶmbién, en la página oficial de la Suprema Corte de Justicia de la Nación.

Por otra parte, dado que la educación, y el derecho a éste, encuentra su fundamento en el artículo 3º- de la Constitución Política de los Estados Unidos mexicanos, el citado precepto legal, ordena a que la educación que imparta la Federación, los Estados y los Municipios, así como aquellos organismos e instituciones de carácter privado que se les allá concebido el permiso para brindar educación como instituciones educativas particulares, deben incluir en sus programas materias relacionadas con la informática. Esto con la prioridad de responder a los avances científicos y tecnológicos, que son indispensables en esta era de la globalización económica.

Por otra parte, cabe agregar que las TICs son herramienta indispensable en la educación, así como el avance científico y tecnológico que se requiere en el desarrollo de cualquier materia o disciplina, o en su defecto en una especialidad científica o tecnológica que se requiere hoy en día en la globalización educativa, además es una herramienta emergente para el desarrollo de cualquier actividad, además sirve para estar más comunicado, y ser más competente en esta era de la globalización.

2.2. Sociedad de la información

La sociedad de la información presenta varias vicisitudes, pero en materia de informática son todos aquellos medios en los cuales sirven para proporcionar cualquier tipo de información pública o privada a aquellos gobernados en México, y estas se pueden encontrar en páginas web, tanto de particulares como oficiales, nacionales o internacionales, ya que con el uso de las TICs se puede ingresar a una gran dimensión de información de varias instituciones educativas, órganos del gobierno, incluso de particulares, en todos los estados que conforman el mundo, con las solas limitantes de que en algunos lugares no existe señal, o no se cuenta con la infraestructura tecnológica para accesar a las TICs, pero los países están trabajando a través de las políticas públicas para llevar y acercar la información a través de las TICs, a todo el planeta tierra, hay efecto de que la información fluya a la sociedad, y esta pueda tener acceso a cualquier información que sea de interés de sus gobernados.
En el caso de México, se cuenta con las sociedades de la información en materia de educación, tal es el caso de la educación preescolar primaria, secundaria, bachillerato y educación universitaria, así como la de posgrado que se puede cursar en línea o a distancia. Por ejemplo, el caso de telesecundarias, ieebos, licenciaturas virtuales que ofertan universidades públicas y privadas, en México así como en otros países y en las cuales no es necesario que este físicamente el alumnado frente al docente, pues el acercamiento es a distancia o virtual.
Por otra parte, en el caso de México los servicios públicos ya se puedes realizar a través de los sistemas electrónicos pues basta que estos cuenten con el internet. En México desde cualquier parte que estemos físicamente desde una unidad fija o móvil basta con que se cuente con internet en estos casos se

pueden realizar las operaciones que nosotros queramos como el pago de luz, de agua, teléfono, pago de tenencias, multas, aprovechamientos, recargos, y hasta las declaraciones fiscales de los impuestos tanto como en pagos proviţióntleţ como en pţgoţ definiţivoţ; ţţmbién podemoţ ţţcţr ciţţţ clínicţţ ţţnţo de ţlgunţ inţţiţución clínicţ públicţ o privţdţ; ţţí miţmo podemoţ solicitar y pagar electrónicamente para la obtención de un acta de nacimiento, un acta de matrimonio, de función, de cualquier familiar en cualquier parte de la república mexicana en que el solicitante se encuentra, además, el en esa misma página se encuentran los costos de cada atestado del registro civil, aunque varía del precio por así determinarlo cada entidad federativa.

Por otra parte, podemos obtener en forma gratuita a través de la página oficial de la secretaria de gobernación nuestro CURP, pues para esto basta con tener internet en una computadora o en una unidad móvil, luego a través de la página de Google, luego de insertar las palabras "CURP gratis" y luego darle click, luego llenar el pequeño cuestionario que nos exige dicha pagina, inmediatamente nos proporciona la CURP, la cual se puede imprimir o guardar en una carpeta electrónica.

Actualmente en México, la secretaria de educación pública, a través de su Dirección General de Profesiones otorga células profesionales, pues también basta con cubrir con los requisitos que se exigen para la obtención de la célula profesional que se exige, ya sea esta de una carrera técnica, científica, de cuţlquier licenciţţurţ, ţecnológico, de ţlgunţ eţpeciţlidţd, y de poţgrţdo; eţo también aplica para aquellos mexicanos que hayan realizado cualquiera de los citados estudios en el extranjero, pues basta que sean legalizados por la Secretaria de Educación Pública del Poder Ejecutivo Federal, o en su defecto de alguno de sus órganos como es el caso de la Dirección General de Profesiones.

Así, a través de las TICs tenemos el gran avance tecnológico, que nos proporciona la informática a la sociedad y cada vez facilita más las necesidades de los gobernados en México. Esta es una expectativa social que espera el gobernado de los órganos de gobierno del Estado, al respecto ha surgido el garantismo, el cual se puede conceptualizar como una corriente ideológicţ jurídicţ; ţdemáţ, eţ unţ formţ de repreţenţţr, comprender, interpretar y explicar el derecho. Fue creada por el ilustre jurista Italiano Luigi Ferrajoli, en 1989 en su "teoría del garantismo penal". Después, creó la "teoría general del garantismo", y lo relaciona con la "teoría del Estado constitucional", dándole dos enfoques, consistentes en: a) el punto de vista normativo, y b) el llamado neoconstitucionalismo o punto de vista teórico.[8] Para darle solución a derechos humanos de la sociedad, mediante soluciones a sus necesidades, a través de normas jurídicas sobre todo en la Carta Magna o Ley Suprema, que es la tendencia del constitucionalismo social.

La informática a avanzado en materia de salud, ya que actualmente ya se cuentan con expedientes clínicos virtuales, además de una gran gama de información en esta disciplina, de cualquier tipo ya sea esta de tipo biológico, psicológico o mental, clínico, hospitalario, y de cualquier tipo de especialidad, los cuales se pueden encontrar en las páginas web de la Secretaría de Salud del Gobierno Federal, de las Secretarias de Salud de las Entidades Federativas, de facultades o escuelas de medicina en México; así también se encuentra disponibles en páginas web, artículos, ensayos, revistas y libros especializados en materia de salud en diferentes elecciones tanto del gobierno mexicano así como de otros países; además podemos encontrar información en materia de salud en la página oficial de la ONU (Organización de las Naciones Unidad), también en la página de la OMS (Organización Mundial de la Salud). Toda esta gran información gracias a los medios electrónicos, a las TICs y al internet. Que divulgan la pandemia de Covid-19, en materia de prevención, y pocas formas de curación, al existir pocos casos comprobados de ahí la poca o mínima credibilidad de la sociedad mundial.

2.3. Características fundamentales del derecho informático

El derecho informático tiene diversas características, pero nos limitaremos a los siguientes[9]:

a) **Universal**. Porque cualquier información basta con que se cuente con un medio electrónico las TICs, y el internet, para llegar a cualquier parte del mundo a consultar cualquier información que sea de interés para cualquier gobernado que se encuentre en cualquier parte del planeta tierra.

b) **General**. Porque tiene acceso a la información cualquier persona sin importar su grado académico, sus estudios, condición económica, raza, religión, o a la actividad a la que se dedique pues basta con que sea de su

---

8 Ferrajoli, Luigi, *Democracia y garantismo*, edición de Miguel Carbonell, Madrid, Trotta, 2008.
9 Juárez Pérez, Melecio Honorio. Apuntes de la Materia Derecho y Legislación en Informática, curso de verano, Unsis, Oaxaca, México, 2019.

interés incursionar en el uso de las TICs y el internet en algún medio electrónico.

c) **Impersonal**. Ya que no se toma en cuenta que tipos de persona sea, pues todos tienen el derecho y acceso al derecho informático.

d) Virtualidad. Pues cualquier información se puede adquirir en forma virtual y accesar a estas, pues basta con acceder a un medio electrónico a las TICs y con el uso de internet.

e) **Materialidad**. Pues cualquier disciplina que se quiera hallarse de información se está restringida o confidencial o publica se pueden obtener materialmente o físicamente se puede obtener, pues el internet admite que se guarde o se imprima tal información; solamente en aquellos casos en que algunas informaciones cuentan con determinadas seguridades, en los cuales no se puede accesar, ni obtener dicha información materialmente.

f) **Indiscriminación**. En material informático a nadie se discrimina pues todos los gobernados o personas pueden obtener la información que requiere, pues dichas informaciones son universales, y en muchos se pueden obtener a través de la fuente virtual o página web, y con un idioma original, incluso ya se cuenta con el traductor de idiomas a través del mismo sistema electrónico avanzado.

Una vez detalladas las mencionadas característica, el gobernado no cuenta con credibilidad formal respecto al otorgamiento de soluciones en materia de informática, de ahí que el garantismo se sustenta en aquellas ideas de desconfianza hacia todo tipo de poder, público o privado, del ámbito de aplicación nacional e internacional, los cuales deben ser limitados, sujetos a vínculos jurídicos limitados y la finalidad es preservar los derechos subjetivos, sobre todo aquellos derechos fundamentales.[10] A favor del elemento subjetivo del Estado que es la población en general.

2.4. Peritos del derecho informático

Las normas jurídicas exigen a un profesionista para que sea considerado perito en el área de la informática, que necesariamente debe reunir las siguientes características:

a) Ser ingeniero en sistemas computacionales.

---

10 Ferrajoli, Luigi. *Sobre los derechos fundamentales y sus garantías*, traducción de Miguel Carbonell, Antonio de Cabo y Gerardo Pisarello, México, CNDH, 2006, p. 31.

b) Contar con la licenciatura en ingeniería electrónica.

c) Contar con licenciatura en informática.

d) Contar con licenciatura, ingeniería o alguna otra disciplina a fin.

Estas disciplinas, que son ingenierías o licenciaturas, aparte del profesional que se gradúa en estas debe contar con un curso de especialidad relativa a la informática, y esta debe ser abalado por la secretaria de educación públicas, y además ser reconocido para que se obtenga la especialidad, luego pueda expedirse la cedula profesional correspondiente, lo que da y promete la certificación correspondiente, luego con tal acreditación se demuestra y comprueba ser perito en derecho informático.

El perito en derecho informático es aquella persona profesionista con conocimientos técnicos, tecnológicos, científicos, enfocados a la informática jurídica, que además cuenta con especialidad. Precisamente, cumpliendo con los citados estudios, la Dirección General de Profesiones de la Secretaría de Educación Pública (SEP), otorga la licencia de perito informático.

2.5. Derecho informático en México

Podremos decir que es de carácter estructural, ya que esta disciplina proviene desde determinadas órdenes procedentes de planes y programas de estudio desde educación básica obligatoria, licenciatura, ingenierías, postgrados, que la misma SEP ha abalado y autorizado para que las disciplinas o materias vayan acorde con el avance científico y tecnológico, para responder a las expectativas sociales, educativas y culturales, además de que debe ser enfocado a un régimen de competencia globalizado requerido por la misma sociedad, y además de que esta información debe fluir en un entorno globalizado.

En México el derecho informático ha sido impulsado en diferentes ámbitos de las diferentes instituciones educativas, donde determinados actores políticos han participado en la construcción y edificación del conocimiento informático en nuestro país.[11]

El instituto de investigaciones jurídicas de la UNAM, ha sido uno de los precursores del derecho informático quien se ha relacionado con diversas

---

[11] Congreso de la Unión. Constitución Política de los Estados Unidos Mexicanos (análisis del artículo 3°), Cámara de Diputados LXIV Legislatura, México, 2019.

dependencias gubernamentales para poder lanzar plataformas del derecho informático, tal es el caso con la misma SEP, donde ha metido recomendaciones y sugerencias en la actualización y reformas educativas en materia tecnológica e informática; por otra parte, ha trabajado con la Secretaria de Gobernación, quien ha sido el motor de arranque en las diversas dependencias gubernamentales y su autorización en materia de informática y TICs; y así tenemos en cada dependencia de gobierno la constante reforma tecnológica y científica en materia de informática, lo cual es de línea transversal en los tres niveles de gobierno.

Lo cual obedece al derecho de educación tecnológica e informática regulado por el artículo 3º de la Constitución Federal, de la Ley General de Educación y de la Ley General de Ciencia y Tecnología, en relación con la Ley Federal de Transparencia y Acceso a la Información Pública Gubernamental, donde dichas normas jurídicas prevén que la informática es un medio de acceso a parte de la información pública y esporádicamente privada del que debe gozar el gobernado en la república mexicana.

2.6. Asociaciones Mexicanas regulatorias

Dentro de las asociaciones regulatorias del derecho informático en México, tenemos a los siguientes:

a) A todas las dependencias del gobierno, que en sus tres niveles de gobierno ya cuentan con información pública gubernamental, quienes se les impuso que deben contar con una página web, para facilitar la información mínima indispensable requerida por los gobernados, en lo referente a los servicios que presta cada dependencia del gobierno, además debe contar con la misión, visión, objetivo y finalidad de cada órgano.

b) El IFAI es un organismo público gubernamental encargado de proporcionar información pública, además de cumplir como intermediado entre particulares con cualquier dependencia del gobierno, a efecto de que los órganos públicos puedan proporcionar información verídica, a todos los gobernados y a las mismas dependencias de gobierno entre estas, lo cual se encuentra regulado en el derecho humano de acceso a la información pública gubernamental regulado en el artículo 6º de la Constitución Federal. Pero para que se pueda accesar al derecho informático antes se tiene que hacer el derecho de petición regulado por el artículo 8º de la mencionada Carta Magna.

c) Páginas web de dependencias gubernamentales, cada órgano de gobierno en sus tres niveles, así como los organismos públicos autónomos, todos cuentan con un portal o página web electrónica donde se les puede pedir cualquier tipo de información, solamente quedan exceptuados aquellos en los cuales se considera como información confidencial, así como de aquellos datos personales donde se pide sea secreto. Lo cual obedece a la Ley Federal de Publicación de Datos Personales. En la cual se determina la publicación de datos de personas siempre que medie su consentimiento respecto de que tipo de información debe ser pública y cual debe ser reservada, por ser de tipo confidencial y exclusiva reserva en términos de diversidad de normas jurídicas que tutelan los derechos de la personalidad de las personas, ya que éstos derechos forman parte de la gama de derechos humanos que son protegidos por las normas jurídicas, las cuales deben ser respetadas y protegidas por las autoridades que conforman los órganos de gobierno en sus tres niveles (federal, estatal y municipal).

Capítulo Tres

Problemática Jurídica de la informática

3.1. El sistema jurídico y el entorno

El sistema jurídico mexicano se encuentra en el gran dilema en cuanto a su objetivo de regular a la informática, ya que este representa un avance de su desarrollo expansivo a gran escala a nivel mundial debido a su gran magnitud del entorno que lo rodea de ahí que, el derecho se queda cada vez distanciado de la forma de querer regular la informática pues por ser de índole de tipo virtual y de acceso fácil, ya sea vía cableada o vía satelital, en cada momento se va transformando y desarrollando a gran escala, y mientras más gente experta o especializada de la informática surjan, cada vez se va transformando y requiere de una transformación emergente en diversidad de dispositivos y sistemas computacionales, para que las TICs puedan fluir y llegar hasta el último rincón del planeta tierra, pues estos navegan en millones de kilómetros en cuestiones de segundos.

El sistema jurídico mexicano en materia de informática queda lejos de poder regular este fenómeno, ya que las TICs son fenómenos inalcanzables pudiéndola regular solamente de forma periférica.

3.2. Derechos fundamentales relacionados con la información

Dentro de estos tenemos a los derechos humanos referentes a la información pública que todo gobernado goza como una garantía constitucional, los cuales tienen su sustento legal en el artículo 6º de la Constitución Federal; y demás se puede desarrollar a través del derecho de petición, prevista en el artículo 8º de la citada Ley Suprema, que viene a ser el alma mater del acceso a la información pública, así como de la información abierta en las páginas web y en los sistemas electrónicos, lo cual se da a través de las TICs.

3.2.1. El poder informático y el poder de la información: Usos y abusos

El gobernado en México cuenta con la facultad o el poder de accesar a la información pública o el abierto a través de su derecho humano de información por medio de las TICs, sin embargo, a veces unos hacen buen uso de la información, en tanto que otros no, ya que cada ser humano dependiendo de sus percepciones particulares con determinada responsabilidad o irresponsabilidad, le da determinado uso a la información, ya sea para bien o para mal, lo cual se cataloga como un abuso para muchos casos ya que cada ser humano al gozar de determinadas libertades, no toma en consideración las limitantes con las que cuenta.

También se llegan a cometer abusos con la informática al valerse de la información disponible ya que el individuo pierde los buenos hábitos de ser autodidacta en su formación profesional, pues con la informática se sumerje en una información artificial, lo cual hace que quede obsoleto en su formación propia tanto cultural como natural, haciéndolo menos competitivo.

También puede ocurrir que el abuso de la información obtenida a través de las TICs, sea utilizado para una finalidad diferente para la que fue creada por su autor, o bien sea tergiversada para un fin diferente a la buena voluntad del que lo proporciona, cayendo en un abuso y por lo tanto en un mal uso de la información.

3.2.2. Derecho a la confidencialidad

Se refiere al uso adecuado que se le debe dar a la información confidencial, lo cual es un derecho que tienen reservado tanto las personas físicas como las personas morales. En este caso, las normas jurídicas señalan qué tipo de información es confidencial, y estas autorizan a determinadas autoridades de exigir y revelar en casos específicos y concretos dicha información, lo cual debe ser mediante una resolución judicial.

De no sujetarse a estas reglas se estaría atentando y violando el derecho humano a la confidencialidad y reserva exclusiva de las personas.

Por lo tanto, podemos decir que el derecho a la confidencialidad "Es la reserva exclusiva de información, ya sea privada o pública de las personas físicas o morales, donde se obtiene su reserva y anonimato, en poder propio y exclusivo de estas". Atentar contra la confidencialidad es romper la seguridad que tiene esta información, y por lo tanto atenta contra el derecho humano a la conservación y reserva exclusiva de un derecho fundamental de la guarda y custodia de información exclusiva y propia de personas.

La información confidencial es aquella a la cual tienen acceso solamente aquellas personas autorizadas para conocer de esta, ya sea, por ser propia o porque es la persona encargada de guardar, vigilar, y custodiar información secreta, ya que, de ser revelado, atentaría contra la propia seguridad de la misma, robo de esta, además puede ser objeto de hackeo, cracker o cracking, y pone en peligro la existencia de la información confidencial.

3.2.3. Derecho de información

Es considerado como un derecho fundamental, el cual se ejerce mediante el derecho de petición, que va englobado dentro de los derechos humanos. Metodológicamente, el derecho a la información es un derecho humano fundamental para los sistemas jurídicos, que en el caso de México tiene su sustento en los artículos 6° y 7° de la Constitución Política de los Estados Unidos Mexicanos.

El derecho a la información a través de las TICs hoy en día es universal, ya que se encuentran disponibles múltiples páginas web que proporcionan la información de todo tipo de disciplinas, materias, profesiones, artes y oficios, de los que se desea buscar y explorar información, ya sea esta formal o informal, pues hoy en día a través del internet se obtiene fácil acceso a cualquier tipo o género de información que se desee buscar.

El derecho a la información está implícito en el mundo moderno en cualquier estado de arte, pues lo que se desee buscar se encuentra, sea esta formal o informal, ya que a través de las TICs y con el uso del internet se acerca al proveedor de la información con el usuario de esta, mediante la posibilidad gratuita y solamente en algunos casos se tiene que pagar el derecho correspondiente para la obtención de la información que se busca obtener.

3.2.4. Libertad de expresión

Es un derecho humano fundamental que la Carta Magna, en el caso de México, otorga a todos los gobernados a efecto de que estos puedan expresarse de cualquier forma y en cualquier momento contra actos o actitudes de cualquier persona.

Al respecto, la citada Carta Magna expresa: "…Toda persona puede manifestarse o expresarse… contra cualquier acto o actividad siempre que no afecte derechos de terceras personas…".

Por otra parte, la conversión interamericana sobre derechos humanos también regula a la libertad de expresión y obliga a todos los Estados a que regulen en sus legislaciones la libertad de expresión de sus gobernados, los cuales deben ser garantizados por los órganos de gobierno de estos, además de que no deben ser objeto de coacción, inquisición o represión por los órganos represivos de los Estados parte, ya que es un derecho fundamental, esta debe ser garantizada y tutelada tanto a nivel nacional como internacional.

De lo antes expuesto, podemos decir que la libertad de expresión es una manifestación libre y espontanea que nace de la voluntad de las personas de expresarse ante cualquier acto o actos de autoridad, sin afectar derechos de terceras personas, además debe ser de forma respetuosa para no quebrantar el orden público y seguridad pública y social que prevalece en la sociedad.

En México, la expresión puede ser verbal, escrita, marchas, plantones o toma de espacios públicos que actualmente se puede hacer a través de comunicados que se pueden ventilar por medio de los medios masivos de comunicación que con el uso de las TICs (por ejemplo redes sociales) pueden llegar a todo el mundo en cuestión de segundos.

3.2.5. Derecho a la privacidad

Es uno de los derechos humanos fundamentales que las normas jurídicas otorgan a favor de los gobernados en México, ya que además de otorgar estos privilegios también señala cuales son de uso exclusivo y reservado para los gobernados en la república mexicana.

El derecho a la privacidad también regula a los atributos de la personalidad de las personas y especifica mediante facultades que otorgan para que estas puedan disfrutar del derecho a la privacidad a efecto de que sus datos personales no sean revelados y se consideren propias y exclusivas de estas, los cuales se resguardan en base a la Ley Federal de Transparencia y Acceso a la Información Pública Gubernamental, y a la Ley General de Datos Personales.

Se puede decir que la privacidad también es aquello particular, propio y exclusivo de cada persona que no se puede ventilar ante terceras personas o ante cualquier tipo de público, mucho menos en las redes sociales, ni en las

TICs. Tal derecho debe ser garantizado por la diversidad de las normas jurídicas que tutelan y custodian tal derecho fundamental, además, los mismos órganos de gobierno deben de cuidar, a efecto de que no se vulneren o restrinjan derechos privados de las personas.

3.2.6. Derecho de petición

Tiene su fundamento en el artículo 8º de la Constitución Política de los Estados Unidos Mexicanos, el cual obliga a todas las autoridades en el ejercicio de sus funciones a que brinden información pública gubernamental a los gobernados, mediante el uso del derecho de petición de estos, el cual debe ser en forma escrita, respetuosa, tal como lo marca el citado precepto legal.

El derecho de petición también es uno de los derechos humanos fundamentales del que debe gozar todo gobernado en México, lo cual debe ser garantizado por las normas jurídicas y por las autoridades en el ejercicio de sus funciones, pues con este derecho el individuo puede gozar de una gran gama de información pública, ya sea que provenga de personas físicas o morţleţ, pero bţţţ de que ţe ţrţţe de informţción públicţ; en conţrţţţe ţ eţţo se encuentra la información privada o confidencial, con los cuales no son factibles de otorgamiento al gobernado en México, pues para que se tenga acceso a esta es necesario la autorización jurisdiccional, es decir mediante orden de autoridad judicial competente (juez), de lo contrario resulta casi imposible de obtener la información confidencial.

Adjetivamente se puede decir que el derecho de petición se puede hacer valer mediante escrito formal, luego ser dirigido a la autoridad correspondiente que guarda y custodia esta, además de que la petición debe ser en forma respetuosa, pacífica, apegada a la buena voluntad, a efecto de que la autoridad al que se le solicita la información pueda otorgarla a favor del peticionario, de lo contrario no surtiría efecto alguno. Además, a toda petición debe recaer una contestación en forma positiva o negativa, dependiendo de la naturaleza de lo que se pida.

3.3. Delitos Informáticos

3.3.1 Concepto

Delito es la acción u omisión que sancionan las leyes penales.

Delitos Informáticos. Son todos aquellos en los cuales el sujeto activo lesiona un bien jurídico que puede o no estar protegido por la legislación vigente y que puede ser de diverso tipo por la utilización indebida de medios informáticos.[12]

Así también, Gabriel Andrés Campoli, señala que, se pueden dar **Delitos electrónicos o informáticos electrónicos**. Son una especie del género delitos informáticos en los cuales el autor produce un daño o intromisión no autorizada en aparatos electrónicos ajenos –y que a la fecha por regla general no se encuentran legislados-, por que poseen como bien jurídico tutelado en forma específica la integridad física y lógica de los equipos electrónicos y la intimidad de sus propietarios.[13]

En materia de informática se puede dar cualquier tipo de delito y se tipifica como delito informático, siempre que cualquiera de los instrumentos que le sirvan de base para su comisión se haga a través de un medio electrónico, esto es que necesariamente se necesite de un servidor y de un ordenador derivado de algún medio electrónico, además, de que exista un remitente (sujetó activo) y un receptor (sujeto pasivo o victima) y que la comisión de un hecho jurídico sea a través de un medio o sistema electrónico donde vaya relacionado con las TICs.

Dentro de los tipos penales o delitos que se pueden configurar destacan los siguientes: robo, fraude, enriquecimiento ilegítimo, extorción, amenazas, espionaje, Terrorismo, Terrorismo cibernético, Pornografía, Turismo sexual virtual, piratería (que atenta contra la propiedad industrial, intelectual, tecnológico, científico, técnico o de otra naturaleza), el daño moral, falsificación de documentos oficiales, robo de identidad e infinidad de delitos que se pueden configurar y tipificar, para luego considerarse delitos informáticos.

---

[12] Campoli, Gabriel Andrés. Derecho Penal Informático en México, Instituto Nacional de Ciencias Penales (INACIPE), México, 2004, p. 14.
[13] Ibídem. Op. Cit. 14.

3.3.2. Tipificación del delito

Para que sea tipificado un delito informático, es necesario que se encuentre regulado por una norma jurídica de tipo penal, así como en aquellas normas jurídicas especiales donde es necesario que se encuentre regulado y sancionado.

Dentro de las normas jurídicas que regulan o tipifican a los delitos informáticos se encuentran: El Código Penal Federal, El Código Penal de las Entidades Federativas, la Ley Federal Contra la Delincuencia Organizada, la Ley General del Equilibrio Ecológico, la Ley General Contra los Precursores Químicos, e infinidad de normas jurídicas de tipo penal, que hoy en día señalan penas y medidas de seguridad, además de que prevén penas privativas de libertad, multa, y reparaciones de daño, además que estos tipo penales, para que sean considerados de tipo informático es necesario que su comisión y consumación se realice a través de un sistema electrónico, además que cuente con servicios de internet, o un sistema que permita su divulgación además de una persona, y que su actuar consciente o inconsciente sea contrario a las normas jurídicas de tipo penal, que las mismas normas jurídicas sancionen.

Las normas jurídicas también deben prever los elementos que constituyen el tipo penal, así podemos decir que el tipo penal "Es la descripción legal que el legislador hace de una conducta típica, antijurídica y culpable", pues de dicho concepto se pueden desprender los elementos que constituyen el tipo penal, los cuales son:

a) **Tipicidad**. Es el encuadramiento de una conducta humana a la comisión de un hecho o acto jurídico que las normas jurídicas de tipo penal señalan como delito.

b) **Antijuridicidad**. Es todo aquel actuar consciente o inconsciente del ser humano que llega a configurarse en alguna figura delictiva prevista en una norma jurídica de tipo penal.

c) **Culpabilidad**. Es el nexo intelectual y emocional que une al sujeto con su acto.

d) **Conducta**. Es el comportamiento consciente o inconsciente de una actuación de la voluntad humana manifestada a través de su conducta externa o interna, y que ha quebrantado lo ordenado por una norma jurídica, y que estas sancionen.

e) **Imputabilidad**. La capacidad que tiene una persona para cometer un hecho delictivo, y su grado de participación en el hecho o acto jurídico de que se trate.

De los citados elementos precisamente se deben de encuadrar los elementos del cuerpo del delito, ya que faltando uno de estos, no encuadraría el tipo penal de que se trate, de ahí que es una excluyente de responsabilidad para el sujeto activo, aunque materialmente o físicamente o intelectualmente haya existido el delito.

3.3.3. Modalidades

En base a las legislaciones penales mexicanas, podemos decir El Código Penal Federal, así como el Código Penal para el Estado Libre y Soberano de Oaxaca, sancionan a los tipos penales informáticos, como el robo, el acceso no autorizado a equipos de cómputo, el robo a la información confidencial guardada en una base de datos de instituciones públicas (órganos de gobierno); y de instituciones privadas, por citar a las instituciones de crédito (por ejemplo bancos). La información confidencial guardada en una base de datos de las instituciones de gobierno, o la información confidencial guardada en la base de datos de particulares son protegidas por las citadas legislaciones y a veces las consideran como delitos graves, por que atentan contra los datos personales de las personas, contra sus patrimonios, un deterioro en su imagen, un daño moral en su persona, entre otros, pues dependiendo de la magnitud de cada tipo penal, así será sancionado y así lo especifican las citadas normas jurídicas (Código Penal Federal, y el del Estado de Oaxaca).[14]

Existen múltiples formas o modalidades de la comisión de un delito en materia de informática, pero destacan los siguientes:

-Robo de datos, de información, de propiedad, de identidad o de la propiedad intelectual e industrial.

Podemos definir al robo informático como la acción de apoderamiento de una cosa ajena mueble, disponible, o que se puede trasladar de un lugar a otro a través de una fuerza física, mecánica, tecnológica o de cualquier otro medio,

---

[14] Congreso de la Unión. Leyes Federales y Poderes Estatales. Cámara de Diputados LXIV Legislatura, México, 2019.

además de que falte el consentimiento del dueño o titular del bien objeto de robo, o de la persona que legalmente dispone de esta.

-Fraude electrónico. Comete el delito de fraude el que, engañando a otro, obtenga un beneficio económico para si o para una tercera persona, causando un detrimento en el patrimonio o bienes patrimoniales del sujeto pasivo o víctima del delito otras personas que tienen ciertos derechos hacia los bienes objeto de fraude del sujeto pasivo. Dentro de esas tenemos los fraudes de ahorradores en instituciones de crédito, ocasionado por los trabajadores de las instituciones de crédito o por los cracking.

-Lavado de dinero: Es justificar lo injustificable, simulando que existe un negocio licito y que los beneficios que de este se obtiene son jugosos, cuando en realidad no existe el lucro o beneficio económico que se dice obtener, es decir blanquear el dinero a través de una simulación de una actividad mercantil que realmente no existe, o que si existiera no es redituable.

-Piratería: es cualquier actividad encaminada a atentar contra la propiedad industrial e intelectual del autor de las mismas, afectando su patrimonio y sus derechos patrimoniales, a través de la obtención de recursos económicos o de aquellos que pueda ser valuados o susceptibles en dinero.

-Pornografía: es el uso de figuras e imágenes de tipo erótico sexual que se puede vislumbrar o visualizar a través de un medio electrónico, sin importar el tipo de sexualidad o genero de las personas, lo cual es sancionado por las normas de tipo penal.

-Turismo sexual: es una nueva modalidad de la oferta que se hace a través de determinados link o páginas web, donde se conciertan citas relacionadas con la sexualidad, amor, o cualquier otro tipo de sentimiento hacia las personas que son víctimas de atracción, a través de este tipo penal.

-Los crackers o los cracking también son considerados como delincuentes especializados en hackear y violar la seguridad de determinados sistemas electrónicos de las personas, sin tomar en consideración de donde estén, causándoles severos daños o de tipo patrimonial.

Así se puede encontrar un gran número aglomerado de tipos penales, que se pueden cometer actualmente vía virtual, los cuales van en crecimiento por el gran avance científico y tecnológico que hoy en día se presenta, que pareciera ser inalcanzable por la gran movilidad tecnológica que se presenta.

3.4. Protección penal de equipos de cómputo y telecomunicaciones

Hoy en día, es difícil tratar de proteger los equipos de cómputo y telecomunicaciones, ya que existe un gran avance tecnológico en esta era de la globalización, donde la guerra se genera entre diversidad de tecnologías que emanan de la electrónica y que se están modernizando y actualizando a pasos agigantados, donde quien no se actualiza queda absoleto y abandonado en el pasado.

En materia penal, se trata de frenar la violación de equipos de cómputo y telecomunicaciones, sugiriendo que se impongan seguridad a estos a través de algoritmos matemáticos o cualquier otro medio permitido por el mismo sistema electrónico o informático.

Por otra parte, el derecho penal trata de tipificar los delitos informáticos de cualquier naturaleza o tipo de que se trate, imponiendo a los infractores o sujetos activos del delito penas altas o delitos graves a determinadas figuras delictivas, como una expectativa general, aunque como expectativa especial no de resultados positivos que la misma sociedad exige a los órganos del gobierno, es decir no se responde a lo que la sociedad espera contrarrestar en materia de tipos penales informáticos.

Toda persona sea pública o privada, trata de proteger los sistemas con los que cuenta el equipo de cómputo, así como de las telecomunicaciones, ya que son vulnerables de cualquier ataque, de cualquier intruso que teniendo conocimientos técnicos o especializados a través de las TICs, puede accesar y disponer de la información, cometer actos ilícitos o cualquier otra actividad que vaya en contra de la buena voluntad, del titular del equipo de cómputo y telecomunicaciones, de ahí que, es necesario implementar una seguridad a través de algoritmos matemáticos de los sistemas de acceso de los equipos de cómputo y telecomunicaciones, y de esto se encarga la seguridad informática.

3.5. Informática forense

Es aquella rama del derecho informático que se encarga del estudio de aquellos hechos o actos jurídicos en las que lleva como consecuencia la comisión de un delito, de un tipo penal especializado u otra conducta que lleva como objetivo la infracción de una norma de tipo penal; en esta especialidad se analizan los delitos cibernéticos, donde la acción se realice a través de sistemas y equipos de cómputo, actividad que se realiza en forma virtual, donde se requieren habilidades y conocimientos especializados, donde los sujetos activos son los hackers, crackers o cracking, que son los expertos en la intromisión de los sistemas informáticos y electrónicos, cuya finalidad es causar daños y perjuicios, al titular del equipo de cómputo, de sus clientes, ahorradores y cualquier otro beneficiario del sistema electrónico y del equipo de cómputo, que es afectado por las personas expertas en la intromisión de los sistemas de seguridad informática y electrónico, así como de las TICs.

En lo referente a la informática forense, aparece "Seguridad, dispositivo de", la cual se puede definir como: "Conjunto de medidas que se adoptan para garantizar la integridad de una persona, la realización de una actividad, o por cualquier otra razón, en que la autoridad teme que se produzcan acciones violentas contrarias. El dispositivo de seguridad incluye generalmente el empleo de agentes del orden público."[15]

Actualmente en derecho informático ya se cuenta con policías cibernéticos, que son los encargados de resguardar la seguridad que existe en las TICs en México, así también ya se cuenta con un centro de investigación referente a los delitos informáticos, así como también de los ataques cibernéticos contra los hackers, crackers, y cracking.

Al respecto, en materia de prevención de delitos informáticos las fiscalías generales de las entidades federativas, ya cuentan con unos ministerios públicos, policías, y fiscales especializados en delitos informáticos, cuya labor o actividad es atacar y prevenir aquellos ataques ocasionados por los intrusos en los sistemas de los equipos de cómputo, ya sean estos oficiales o particulares, dependiendo del tipo de denuncia que estos reciban y actúan.

También las Entidades Federativas ya cuentan con cibertribunales, que son órganos jurisdiccionales encargados de impartir justicia especializada en delitos informáticos, de juzgar y sentenciar a aquellos infractores que han cometido algún tipo penal de naturaleza informática, y con eso la certeza jurídica a la expectativa especial que ha sufrido como pasivo de delito informático.

Por otro lado, el Poder Judicial de la Federación también cuenta con juzgados especializados en materia de informática jurídica y para esto ha implementado el sistema de justicia a través de los cibertribunales federales, para responder y dar solución a aquellos casos específicos como expectativa especial de

---

[15] Martínez Silva, Mario, y Salcedo Aquino, Roberto. Diccionario Electoral 2000. Instituto Nacional de Estudios Políticos A.C. (INEP), México, 2000, p. 622.

aquellas victimas que han sido blanco de ataque de algún tipo penal informático.

Por último, al inicio de la administración de la actual presidente de la república, se ha creado como un organismo autónomo e independiente a la Fiscalía General de la Republica, que es el organismo encargado de investigar y perseguir cualquier acto u omisión de naturaleza cibernética, para eso ha creado fiscalías regionales, así como fiscalías centrales, encargadas de prevención e investigación de delitos cibernéticos e informáticos.

3.6. Insuficiencia de la normatividad

En la actualidad, en México, las normas jurídicas que regulan a las figuras jurídicas delictivas en materia de informática, también conocidas por la doctrina como ciberdelitos, regulados y tipificados tanto por el Código Penal de las Entidades Federativas, así como por el Código Penal Federal y por las normas jurídicas especializadas que regulan a los delitos informáticos, son insuficientes para poder dar respuesta tanto a las expectativas generales y especiales de las víctimas de los delitos cibernéticos en México, ya que estos cada vez más son especializados y evolucionan a gran escala debido al avance científico y tecnológico.

El jurista mexicano, Marco Antonio Téllez Valdés, dice que en México primero surge el delito informático, después el legislador trata de regularlo; de ahí que es inalcanzable poder regular la informática forense, además es un fenómeno tecnológico que surge y evoluciona en cualquier parte del planeta tierra, luego llega en cuestiones de tiempo corto a cualquier parte de este planeta. A raíz de esto, las normas jurídicas referentes a la informática forense, y el derecho informático tienen mucha dificultad de diagnosticar su tiempo de vigencia y realizar una regulación general.

Podemos decir que querer regular el derecho informático en cualquiera de sus variables o manifestaciones que representan es complicado para los órganos de gobierno facultados para crear normas jurídicas, ya que primeramente surgen los fenómenos tecnológicos y después lo único que hay que hacer es regularlo.

3.7. Política informática

3.7.1. Evolución de las políticas informáticas y análisis de resultados

Podemos contextualizar en dos partes a las políticas informáticas y sus resultados:

a) Implementación de las políticas informáticas. El Estado mexicano ha evolucionado mucho porque ha ordenado, desde la mitad de la década de 1980 a la fecha, constantes reformas en la implementación de la informática en materia educativa en todos sus niveles e inclusive ha ordenado la creación de carreras técnicas, licenciaturas e ingenierías y posgrados, tanto en escuelas públicas como en escuelas particulares para promover mediante políticas públicas sociales y generales sistemas educativos en materia de informática, de ahí que en cualquier parte de la república mexicana o en la mayoría de los casos ya se encuentra insertado en los programas educativos tanto en la educación obligatoria, licenciaturas y posgrados, sean estas oficiales o particulares donde se cuenta con educación enfocado a la informática.

En este sentido cabe destacar que, aunque en México falta mucho por hacer en el campo de las políticas educativas tecnológicas e informáticas, se está avanzando a paso lento pero seguro respondiendo a las expectativas educativas por medio del uso de las TICs en los sistemas de enseñanza nacionales.

b) Análisis de resultados. Desde una óptica general, se puede visualizar que el resultado es progresivo, de inferior a mediano, por la gran complejidad que presenta el sistema informático y electrónico en México, sobre todo en materia educativa, ya que la expectativa es general y se tiene que responder a cada caso en todos los niveles educativos en México. Ante este hecho, la vanguardia que se pretende es creciente, pero está en un proceso de desarrollo donde hay mucho que trabajar.

Por otro lado, en los órganos de gobierno, se han implementado herramientas de políticas públicas para el uso de sistemas electrónicos e informáticos lo que se conoce como e-electrónica, conocido también como gobierno electrónico para brindar servicios, información y asesoría, que necesite cualquier gobernado, pues para esto basta que se introduzca en el portal web de cualquier órgano del gobierno y su petición sea asistida.

3.7.2. Tecnología informática: adaptación, adecuación, autonomía, independencia

Podemos decir que son las características principales de la tecnología informática:

Adaptación. Es implementar en un sistema electrónico herramientas tecnológicas e informáticas a efecto de que respondan con un uso adecuado con resultado aceptables de algún sistema de un equipo técnico, su funcionamiento, que debe ser congruente con lo que se espera con la adaptación de un proceso de tipo tecnológico relacionado o que vaya de la mano con la informática, además de que debe estar actualizado con el avance científico y tecnológico, por así requerirlo la globalización tecnológica general.

Adecuación. Es adaptar sistemas electrónicos actualizados y de lo más sofisticado que exista en esta era tecnológica en el mundo globalizado, donde las tecnologías representan un avance desmedido y evolución constante.

Autonomía. Es una gama de libertad y prevales-cencía que garantiza y sumerge a la tecnología informática en esta era de la tecnología de información, donde el país que no presente desarrollo tecnológico se vuelve menos competitivo y queda rezagado.

Independencia. Consiste en la simbiosis tecnológica que va de la mano con el avance científico que existe en el desarrollo de cada país, donde la informática y la tecnología son factores culturales que sumergen en parte al desarrollo tecnológico de un país. De ahí que la independencia debe ser acorde a las necesidades tecnológicas del desarrollo de las TICs con la ayuda de la informática en un sistema globalizado en todos los aspectos necesarios para un país.

3.8. Códigos de ética y aspectos morales en informática

Resulta complejo determinar con gran sabiduría la ética y la moral en materia de informática, ya que por su naturaleza y por la interacción tecnológica y su constante evolución y de su propia relación de corte internacional, casi es imposible respetar los códigos de ética y aspectos morales. Lo cual es así, ya que en el caso de México podemos hablar de ética y moral en materia de informática, pero en otros países donde las tecnologías y la informática están mucho mas avanzados, no respetan la ética ni la moral, de ahí que en México nos quedamos cortos para respetar varias reglas de comportamiento tanto ético y moral que debe prevalecer en esta materia.

Si bien es cierto que en México contamos con códigos de ética, que también regulen la moral en materia de informática, estas reglas se llevan a cabo pero solo en los programas así como en las profesiones determinadas, los cuales han sido factores de impulso en el desarrollo educativo y cultural del ţlumnţdo en lţţ eţcuelţţ o univerţidţdeţ; ţţí ţţmbién en loţ cenţroţ de trabajo, pero falta mucho que divulgar dichos códigos de ética y moral, para esto se sugiere difundirlos a través de las redes sociales y las TICs para que lleguen a su destino final para los usuarios.

3.9. Meta ética informática

La finalidad de la ética en materia de informática es la implementación de los principios, valores sociales, valores éticos y valores universales en todos los sistemas informáticos a efecto de que contribuyan a la formación educativa de los gobernados. Ya sea en la educación, en el trabajo o cualquier otra actividad oficio o profesión que desarrollan en la sociedad.

Cabe destacar que en materia de informática, deben destacar los principios generales del derecho, los valores sociales y los valores universales, en las redes sociales, en el internet, en las páginas web de instituciones gubernamentales, ya que cualquier tipo de información que brindan a las personas deben ser de tipo respetuoso, educativo, con principio, misiones y valores.

La ética educativa debe representar los principios educativos, sustentados en la moral, las buenas costumbres, y el derecho como control formal que debe atenuar y equilibrar determinadas libertades sociales, pero éstas deben ser sometidas al control social para conservar el tejido de la sociedad humana, sea ésta local, regional, nacional o internacional, con el uso de las TICs, que rompen cualquier paradigma, distancias y fronteras, en lo que pasa en cualquier sociedad que en segundos llega a conocerse a nivel mundial.

De ahí que, si bien la informática nos acerca a los acontecimientos que están pasando a nivel internacional, también sirve de instrumento de la delincuencia organizada para cometer actos ilícitos en contra de las personas y de sus patrimonios, además puede causar desequilibrios en la sociedad o sembrar terror a través de la redes sociales, como las amenazas y la extorciones vía medios masivos de comunicación, con el uso de TICs.

Capítulo Cuatro

La legislación y normatividad relativa a la función informática

4.1. Riesgos legales provenientes del equipo de cómputo, de los programas de cómputo y de las personas

La Ley Federal de los Derechos de Autor, protege los sistemas computacionales y sus programas, que conforman el patrimonio de una persona. Esta norma jurídica también tutela a la propiedad intelectual referente a aquella parte que regula equipos de cómputo, de los programas de cómputo y de las personas, lo cual se puede visualizar desde tres ópticas que son:

a) Equipos de cómputo. Los equipos de cómputo, o por su nombre comercial, el hardware y otros dispositivos externos y algunos internos, son protegidos por lț Ley Federțl de Derechoț de Auțor; pero también la Ley de la Propiedad Industrial también protege a las marcas, patentes y de otros dispositivos aplicables en materia de propiedad industrial a los sistemas operativos aplicables al sistema computacional. No obstante, también corre gran riesgo de ser pirateados tanto por los usuarios, así como por investigadores y científicos dedicados a la creación e invención de nuevos equipos de cómputo. De ahí que lo que se le recomienda a los investigadores y/o generadores de equipo de cómputo es tramitar el registro correspondiente de sus derechos de autor, así como de sus derechos como el registro de marcas, patentes, que provienen de la ley de propiedad industrial, aunque va de la mano con la ley federal de los derechos del autor.

b) De los programas de cómputo. Los programas con los que funciona el sistema operativo de una computadora, son protegidos y titulados por su creador o autor, para estos gozan de una patente o concesión de 10 años, con la opción de ampliación de este término u otro tiempo igual siempre que sea registrado ante el Instituto Nacional de los Derechos del Autor (Indautor), que es el organismo público descentralizado de la Administración Pública Federal, encargado de proteger los derechos de autor, que forman parte integrante de la propiedad intelectual, reconocidos por la norma jurídica antes citado.

c) De las personas o autor del equipo de cómputo y sus programas. La propiedad intelectual y autoría de estos son protegidos siempre que cumplan con los registros exigidos por la ley federal de los derechos del autor, siempre

que cumplan con su registro y permiso correspondiente (el copyright, el ISBN o cualquier otro registro que hayan tramitado y demostrar que son autores de los citados sistemas computacionales y de sus programas), de ahí que el derecho de autor garantiza la propiedad intelectual del inventor o creador del equipo de cómputo y sus programas aplicables a estos. Su finalidad es erradicar la piratería, delito que atenta contra la propiedad intelectual, que también constituye un derecho de la personalidad del autor, por ser de tipo patrimonial.
Hoy en día, los sistemas computacionales deben otorgar seguridad tanto para el usuario, así como para el autor, precisamente para esto nos sirven las diferentes formas de implantación de seguridad en los equipos de computo, pero nos limitaremos a la criptografía de clave única que es el modo por el que han sido enviados la mayor parte de los mensajes secretos un tiempo. En la criptografía simétrica (de clave secreta), existe un único código (o clave) para cifrar (encriptar) y descifrar (desencriptar) mensajes.[16]
Por otra parte, "la criptografía de clave pública (o asimétrica), es un método para el intercambio seguro de mensajes, basado en la asignación de dos claves complementarias (una pública, una privada) a los particulares implicados en una transacción".[17] O a través de una operación que realiza el usuario en un sistema operativo al realizar determinadas actividades o intercambiar determinados mensajes.
Como antecedente, podemos decir que el concepto de criptografía de clave pública fue introducido por Whitfield Diffie y Martín Hellman (Universidad de Stanford, California, Estados Unidos, 1975) a fin de solucionar la distribución de claves secretas de los sistemas tradicionales, mediante un canal inseguro. Este sistema utiliza dos claves diferentes: una para cifrar y otra para descifrar. Una es la clave pública, que efectivamente se publica y puede ser conocidţ por cuţlquier perţonţ; oţrţ, denominţdţ clţve privada, se mantiene en absoluto secreto ya que no existe motivo para que nadie más que el autor necesite conocerla. Ambas claves son generadas al mismo tiempo con un algoritmo matemático y guardan una relación tal entre ellas que cuando algo que es encriptado con la privada, solo puede ser desencriptado por la clave

[16] Davara Rodríguez, Miguel Ángel. Comercio electrónico, Aranzadi-Davara & Davara, Madrid, 2002, p. 365.
[17] Idem.

pública.[18] Se puede decir que es la forma regular en la que funcionan las computadoras.

4.2 Contratos informáticos

Se puede conceptualizar como "el acuerdo de voluntades para crear o extinguir derechos y obligaciones relativos a la informática".

En México, no existe una legislación en específico que regule el contrato informático, de ahí que la legislación más cercana que regula a los contratos aplicables en materia de informática es lo referente al Código Civil Federal, así como el Código Civil de las Entidades Federativas, que vienen a subsanar la gran laguna que existe en esta materia. De lo que para tratar de regular lo referente a los contratos informáticos, nos sustentamos tanto en la legislación como en la doctrina jurídica mexicana.

Las obras de los juristas mexicanos, Rafael Rogina Villegas, "Compendio de derecho civil- Tomo IV- Contratos, 33ª. Edición, Editorial Porrúa, México 2011

2; y Ernețțo Gutiérrez y Gonzales "Derecho de las obligaciones, 18ª. Edición, editorial Porrúa, México"; concuerdan en su definición de contrato, al decir que es un "acuerdo de voluntades para crear o transmitir derecho y obligaciones".

Por lo tanto, podemos decir que el acuerdo de voluntades que mediante su celebración produce, crea o transmite derechos y obligaciones como todo contrato, aplicado a la informática se desprenden dos tipos de elementos, que son: a) Los elementos de existencia y b) los elementos de validez.[19]

Dentro de los elementos de existencia, tenemos:

a) **Consentimiento.** Es el acuerdo de la voluntad de las partes contratantes para crear o distinguir derechos y obligaciones. En otras palabras, es la situación por medio de la inteligencia, se reconoce el acto jurídico como bueno y se acepta, el cual puede ser expreso o tácito. Es expreso cuando se exterioriza la voluntad que puede ser oral o escrito o por la mímica, conforme lo determine la legislación por los usos del lugar donde se celebra. Y es tácito cuando viene o se origina de hechos positivos o de abstenciones que nos

---

[18] García Barrera, Myrna Elia. Derecho de las nuevas tecnologías, Instituto de Investigaciones Jurídicas-UNAM, México, 2008, p. 151.
[19] Juárez Pérez, Melecio Honorio. Tópico de los contratos /clases de maestría/ impartida en la Universidad Autónoma "Benito Juárez" de Oaxaca, México mayo-junio-2016.

permiten deducir lo que quiere o quiso una de las partes, y que no medie duda alguna.

b) **Objeto**. Es el bien, la prestación materia de la obligación y se clasifica en directo e indirecto. El objeto directo es la creación, transmisión, modificación o extinción de derechos y obligaciones. El objeto indirecto es una cosa, un hecho o una abstención derivada de la voluntad de una de las partes.

c) **Solemnidad**. Son aquellas palabras sacramentales que se emplean en término de ceremonias o cuando se realiza el acto ante algún funcionario público, en materia de contratos se da en la donación, la herencia, y en el contrato de matrimonio.

d) **Precio**. Es el valor que se le asigna al objeto materia de contrato y que las partes contratantes aceptan a través de su consentimiento, tal es el caso del contrato de compraventa, arrendamiento, de obra, de hospedaje, de prestación de servicios profesionales, entre otros.

Elementos de validez:

a) **La ausencia de vicios del consentimiento**. Consiste en que no debe mediar ni existir ningún vicio para la realización del contrato, tales como error, el dolo, la mala fe, la violencia y la lesión. Es decir, en los contratos ninguna de las partes debe intervenir con algún vicio del consentimiento.

b) **El objeto motivo o fin lícito**. Todo contrato debe celebrarse conforme a lo que establece la ley que lo regula, y estarse apegado a la norma jurídica, y en el subcapítulo correspondiente que lo regula tal es el caso de contrato de compraventa, de donación, de mutuo, de obra, de prestación de servicios proporcionales, por citar a algunos.

c) **Forma**. La formalidad es la manera o forma de que se exterioriza el acto jurídico, que puede ser verbal o escrito, pero debe reunir los requisitos que marca la ley independientemente de que tipo de contrato se trate.

d) **Capacidad**. Es la aptitud de las partes que intervienen en un contrato para poder ser titular de derecho y obligaciones.

4.2. Contratos informáticos

Diversos autores han tratado de definir los contratos informáticos, pero en esta materia nos limitaremos a las siguientes definiciones:

-Contratos informáticos. Son aquellos que tienen por objeto regular la creación y transmisión de derechos y obligaciones respecto de los bienes y servicio informáticos, es decir acatarse a las reglas del derecho las relaciones contractuales con motivo de la compra, arrendamiento de un sistema, prestación de un servicio de mantenimiento, programación, capacitación, asesoría técnica e informática.[20]

-Contratos informáticos, en cuanto a los elementos esenciales del contrato y en lo referente al consentimiento, se puede conceptualizar como "El acuerdo de voluntades entre las partes proveedor, distribuidor o diseñador, como el usuario como a cliente o a gerente, para crear y transmitir derechos y obligaciones."[21]

-Contrato Informático "como el acuerdo de voluntades que establece las relaciones jurídicas entre las partes que tienen por un momento regular la creación y transmisión de derechos y obligaciones derivados de los bienes y servicios informáticos.

4.2.1. Clasificación de los contratos

En esta materia, analizaremos a los contratos informáticos en base a sus bienes, suministros, programas y servicios informáticos. Precisamente en la formalidad que deben revestir los contratos informáticos, deben ir determinadas características de un equipo de cómputo, sus componentes en sí que lo caracterizan, y que es el bien objeto de contrato. Sobre esto debe versar el acto jurídico que celebran las personas, y la cual se someten a determinados derechos y obligaciones. Los actos jurídicos deben comprender:

a) **Los bienes informativos**. Son aquellos elementos que integran el sistema, dentro de esos tenemos el computador, el hardware, la unidad central del proceso (CPU) o sus periféricos, así como los equipos que tienen relación directa de uso respecto a ellos y que en su conjunto forman parte integrante del soporte físico del elemento informático, así como de bienes materiales que proporcionan, además, ordenar, datos, procedimientos e instrucciones en el tratamiento tutomático de lt informtción; y que en conjunto constituyen el soporte lógico del elemento informático.

---

[20] Téllez Valdés, Julio. Contratos Informáticos, UNAM, Instituto de Investigaciones Jurídicas, México, 1988.
[21] Ríos Juan José. Derecho e Informática en México, informática jurídica, y derecho de la informática, UNAM, Instituto de Investigaciones Jurídicas, México, 1997.

b) **Los suministros informáticos**. Para el registro de la información y para cuestiones pedagógicas se sub-clasifican en:

i) abastecimiento de quipo.

ii) Auxiliares del equipo.

iii) Auxiliares en tareas de programación y refacciones.

iiii) Partes, accesorios, complementos del PC.[22]

c) **Contrato de prestación de servicios informáticos**. Son aquellos contratos relacionados con recursos humanos, consultoría general, planeación de locales e instalación de equipo de cómputo y auxiliares, uso de equipo de cómputo por tiempo limitado, explotación de programas bajo licencia de uso con o sin cargo, consulta de archivos y banco de datos nacionales e internacionales, estudios de mercadotecnia en informática, documentación técnica en informática, mantenimiento preventivo, correctivo y de conservación del equipo, manejo de datos, auditoría y diagnostico en informática, desarrollo de estudios de fiabilidad para la selección de bienes o servicios informáticos, desarrollo de estudios de factibilidad, inversión y adquisición de bienes y servicios informáticos.

d) **Contrato de servicios informáticos**. Se pueden conceptualizar como "Conjunto de actividades técnicos y tecnológicos que sirven de apoyo y complemento a la actividad informática en relación a la afinidad a ella".

Por lo tanto, podemos decir que el tipo de contrato dependerá de la materia objeto del contrato ya sea que ésta se trata de bienes, suministros, programas y servicios informáticos, entre otros, por lo tanto, derivado de lo anterior se desprenderán múltiples contratos que a su vez pueden abarcar una o todas las materias antes citadas.

e) **Compraventa**. Comprende a los equipos y suministros (componentes, accesorios, etcétera). Su esencia es similar a la de cualquier contrato de compraventa referido a otros bienes, aunque éste presenta algunos elementos que lo hacen cumplir, ya que exige formalidades y ordena que el proveedor venderá al usuario el material de acuerdo a los planes de contratación ofrecidos, debiendo incluirse una relación de las maquinas, modelo, descripción, cantidad, precio de compra y cargo mensual de mantenimiento.

Además, se debe establecer fecha de entrega, lugar, condiciones, forma de pago, posible periodo de prueba, garantía, responsabilidad de daños y perjuicios y su discrecionalidad de la información compartida y plazo.

---

[22] Téllez Valdés, Julio. Derecho Informático, 4ª ed., MacGrawHill, México, 2009.

f) **Arrendamiento**. En este contrato de debe especificar sobre todo en la renta de equipos de cómputo la relación de máquinas y sistemas operativos indicando su modelo, descripción, cantidad, precio de compra, renta mensual y cargo mensual por mantenimiento. Además, se debe establecer la duración del contrato en los términos y condiciones, respetando los mecanismos de prorroga acordados, además con el compromiso de no alterar los precios pactados con anterioridad durante la vigencia del contrato. El usuario tiene derecho a solicitar se pruebe el equipo, el proveedor deberá garantizar el óptimo funcionamiento del equipo, así como hacerse responsable con cualquier violación en materia de patentes y derechos de autor.

g) **Arrendamiento con opción a compra (leasing)**. Este contrato se podrá ejercer en cualquier momento después de la fecha da acentuación. Referente aparte de un mismo o en su totalidad, además, se puede considerar que los porcentajes pactados de los siguientes pagos se abonaran al precio de la compra.

La compra de equipo informático es un gasto para las empresas, de ahí que es frecuente que en un principio tome el arrendamiento el centro de cómputo y lo paguen a plazo hasta adquirir la propiedad del mismo. A este tipo de contrato informática, se le aplican las cláusulas del contrato de arrendamiento y la compraventa en cuanto a la adquisición del equipo.

Los contratos informáticos antes mencionados son los más utilizados, tanto para las personas físicas, así como para las personas morales y en las instituciones educativas y gubernamentales.

4.2.2. Naturaleza jurídica de los contratos

Como todos los contratos, los informáticos provienen de la autonomía y voluntad de las partes contratantes, en cualquiera de sus modalidades. De ahí que se requiere señalar la razón e importancia de desempeñar correctamente las facultades y obligaciones adquiridas antes de la firma del contrato y a estos compiten los que suscriben un acto jurídico de naturaleza informático, que pueden ser:

Proveedor (es). Son los fabricantes, distribuidores y vendedores de bienes informáticos, así como los prestadores de servicios informáticos, y sus obligaciones pueden ser:

I) Proteger los intereses del cliente y darle consejo e información.

II) Cumplir con la entrega de los bienes o con la prestación de sus servicios en los plazos pactados, el incumplimiento de los términos o plazos, permite al cliente establecer una demanda en reclamo de daños y perjuicios motivados por el retraso o llegar a la rescisión del contrato.

III) Realizar la prestación conforme a las especificaciones del contrato.

IV) Garantizar el estudio de viabilidad para el usuario y actuar en todo momento con probidad y honestidad, así como por una asesoría y apoyo adecuados.

V) Garantizar los vicios ocultos que pudiera tener la prestación realizada".[23]

Usuario (s). Son aquellas entidades (públicas o privadas) o individuos que requieren satisfacer determinadas necesidades por medio de bienes o servicios informáticos, entre sus principales obligaciones se consideran las siguientes:
I) Informarse, documentarse, visitar exposiciones y demostraciones de equipo o de servicios informáticos.

II) Determinar de manera precisa sus necesidades de automatización de tal modo que se establezcan y comuniquen sus objetivos precisos.

III) Dar al proveedor información exacta de su empresa, acompañada de documentos, graficas, proyectos, etcétera, y lo demás que requiera.

IV) Capacitar adecuadamente al personal para manejar el centro de cómputo.

V) Obtener una mejor adaptación de su empresa a los imperativos de funcionamiento del material instalado.

VI) Realizar la elección final entre las ofertas que le presenten los proveedores, considerando los elementos de apreciación de orden financiero y técnico.

VII) Aceptar y recibir el material o los servicios que ha solicitado.

VIII) Acordar un periodo de prueba a efecto de verificar el funcionamiento del equipo.

IX) Respetar las directrices propuestas formuladas por el proveedor sobre el modo de emplear el material o los programas.

---

[23] Ibidem.

X) Pagar el precio convenido según las modalidades fijadas entre las partes, salvo si se eligieron reservas luego de recibir el material o servicio".[24]

De lo expuesto anteriormente, podemos decir que la naturaleza jurídica de los contratos consiste en el acuerdo de voluntades para crear o extinguir derechos y obligaciones.

Además de lo expuesto, el contrato es aquel acto jurídico que obliga a las partes contratantes que en él intervienen, independientemente de la naturaleza o del tipo de contrato de que se trate, pues las partes intervinientes quedan sujetos a derechos y obligaciones en la forma y en los términos en que cada uno se obligó, lo que se conoce como "autonomía de la voluntad de las partes contratantes". De ahí que la naturaleza radica en los derechos que las partes se comprometen a cumplir, así como aquellas obligaciones que las mismas partes se han impuesto a cumplir.

Independientemente del tipo de contrato de que se trate cada parte contratante, por el solo hecho de celebrar el acto jurídico se sujeta a derechos y obligaciones, los cuales ha de cumplir en los plazos, términos y condiciones a que se someten.

4.2.3. Etapas de los contratos

Los contratos generalmente constan de tres etapas principales y dos accesorias según la doctrina mexicana; aunque en las diferentes legislaciones mexicanas vigentes no se especifica con claridad las etapas de un contrato. Pero por cuestiones metodológicas y forma, el ser humano se sujeta a ciertos formalismos en la celebración de un contrato acto jurídico, independientemente de su naturaleza, tradición que se haya llevado a cabo en numerosas actividades que realizar el gobernado en México.

Por lo que, para fines educativos y metodológicos, podemos decir que los componentes de los contratos son:

1. Nombre del contrato. Es una variante de la diversidad de los contratos que existen, y se encuentran regulados por la diversidad de normas jurídicas que existen en la legislación mexicana, principalmente aquellos que se encuentran regulados por el código civil federal, y el código civil de las entidades federativas, y en las legislaciones especiales.

---

[24] Ibídem.

2. Generalidades de las partes contratantes o personalidad de las partes que intervienen en la celebración de un contrato. En esta parte se debe detallar en forma minuciosa y detallada la personalidad y carácter en el que interviene cada uno de las partes contratantes, en la celebración de un acto jurídico. Por ejemplo, podemos decir en un contrato de compraventa, las partes que en el intervienen son el vendedor y el comprador, y en la cual estos se sujetas a derechos y obligaciones derivados de la naturaleza del contrato. El vendedor está obligado a conservar y mantener el bien o servicio materia de contrato, y con las carţcţeríţţicţţ que lo eţpecificţn; por su parte el comprador queda sujeto a pagar el precio cierto y determinado del bien a favor del vendedor, siempre que estos hayan pactado sobre el bien o servicio objeto de contrato sobre la cantidad pactada en el precio, en los plazos y condiciones que estos se hayan comprometido y obligados.

3. Clausulado. En esta parte se encuentran estipulados todos los derechos y obligaciones que las partes se compromete a cumplir en el tipo de contrato que celebran respecto del bien o servicio objeto de contrato, así como del valor o precio del mismo, además sobre las condiciones, características que debe reunir el bien o servicio materia de contrato.

Además, la formalización que cada parte debe cumplir en el acto jurídico y su aceptación de cada uno de los contratantes, además la forma que puede ser verbal, escrita, en línea, digital y cualquier contra forma permitido por las normas jurídicas.

4. Forma de suscripción de las partes contratantes. En esta parte como las mismas normas jurídicas lo permiten que todo contrato puede celebrarse por las partes contratantes en forma verbal, escrita, en línea, en página web o digital, que son las múltiples formas que las normas jurídicas permiten que se realice un contrato, pues basta la voluntad de las partes para que se lleve a cabo el acto jurídico, pues en esta se celebra la manifestación de la voluntad de las partes, porque así quieren o quisieron establecer la forma del contrato.

Cuando es verbal y no se requiere formalización alguna, como es el caso de la comprţ ventţ inţţţ nţáneţ; el ţ rrendţ mienţo de un bien o ţervicio informáţico, al ser instantáneo basta el consentimiento de las partes para que se celebre, pues no requiere formalidad. No obstante, las normas jurídicas dejan libre la voluntad de las partes de llevar la forma que quieran los contratos. Sin embargo, por cuestiones de seguridad y para que existan evidencias, algunos doctrinarios sugieren que los contratos se realicen en forma escrita, en línea o digital. Pero como se ha dicho queda a la libre voluntad de las partes la forma que quieren celebrar el tipo de contrato que celebran.

La suscripción del contrato. Esta parte ya queda implícita en el apartado número 3, ya que basta con el consentimiento de las partes para que exista contrato. La suscripción no es otra cosa más que la aceptación de las partes contratantes, y si es verbal basta con la afirmación de las partes que en el conţrţţo inţervienen; en ţţnţo que ţi eţ eţcriţo en líneţ o en lţ web ţe requiere que cţlce firmţ digiţţl; en ţţnţo que ţi eţ por eţcriţo e impreţo eţ neceţţrio que calce o se estampe la firma autógrafa de las partes contratantes.

De lo anteriormente expuesto podemos decir que si el contrato es verbal no es neceţţrio que eţţţmpe firmţ ţlgunţ; en ţţnţo que ţi se celebra en línea o páginţ web debe cţlzţr lţ firmţ digiţţl; y ţi eţ eţcriţţ e impreţţ debe cţlzţr y estampar la firma autógrafa de las partes que en contrato intervienen.

De ahí que es opcional para las partes cumplir con los componentes de los contratos, ya sea en lo expuesto en los primeros tres puntos, o en los cinco puntos, como lo hemos explicado.

4.3. Seguros

Proviene de los contratos de garantía, y se clasifican de aquellos contratos accesorios que emanan de un contrato principal, dentro de éstos actos jurídicos se desprenden tres que son: a) la prenda, b) la fianza, y c) la hipoteca.

El seguro es un contrato accesorio que deriva de un contrato principal, es decir, no puede existir por si solo este contrato de seguro, ya que necesariamente debe existir un contrato principal, para que le de existencia al accesorio.

Existen múltiples contratos principales y estos pueden darles vida a los accesorios.

Un ejemplo de esto, sería el siguiente caso:

Carlos López Martínez, constituye una empresa que denomina "Centro de Interacciones Informáticas", donde oferta computadoras, software, servicios de internet, hardware, juegos, seguridad, telecomunicaciones, etcétera. Con la finalidad de que no sufra ningún robo, incendio, fraude, enriquecimiento ilícito, desastres naturales, entre otros, puede realizar con una empresa aseguradora un "Contrato general de seguro", incluyendo los citados riesgos, fenómenos sociales, de seguridad social y siniestros. Así pues, en la vida social, intervienen además los fenómenos sociales, los factores endógenos y exógenos (inseguridad, movimientos de grupos colectivos, la delincuencia organizada, el terrorismo, entre otros).[25]

De ahí que, podemos decir que el contrato de seguro viene a ser un contrato de garantía a favor del usuario de este servicio, donde la voluntad de la empresa aseguradora se sujeta a determinados derechos y obligaciones a favor de los asegurados durante el plazo y termino que las partes celebren mediante un determinado tiempo, la cual se sujeta, pero además se someten a determinados derechos que deben cumplir y respetar.

Con lo que un contrato de seguro "es el contrato mediante el cual asegurador se obliga a resarcir de un daño o perjuicio a pagar la suma de dinero a la otra parte llamada tomador o asegurado, durante el tiempo que las partes someten a un periodo de tiempo durante un contrato, a cambio del pago de un precio denominado prima, que corre a cargo del tomador."

El contrato de seguro puede tener por objeto toda clase de riesgos si existe interés asegurable, salvo en aquellos casos prohibidos por la ley.

El contratante tomador o asegurado, puede coincidir o no con el asegurado, por su parte se obliga a efectuar el pago de esa prima, a cambio de la cobertura otorgada por el asegurador, lo cual evita afrontar un prejuicio económico mayor, en caso de que el siniestro se produzca.

En materia de informática, aparece "Seguridad, dispositivo de", la cual se puede definir como: "Conjunto de medidas que se adoptan para garantizar la integridad de una persona, la realización de una actividad, o por cualquier otra razón, en que la autoridad teme que se produzcan acciones violentas contrarias. El dispositivo de seguridad incluye generalmente el empleo de agentes del orden público."[26]

4.4 Régimen de concesiones

Los contratos de suministro de servicios, como es el caso de los que se aplican en materia de informática, es necesario previamente que se cuenten con sistemas electrónicos, posteriormente una red telefónica o satelital, luego

---

[25] Juárez Pérez, Melecio Honorio, (Profesor Investigador). Catedrático de "Derecho y legislación en Informática, Licenciatura en Informática, Universidad de la Sierra Sur.
[26] Martínez Silva, Mario, y Salcedo Aquino, Roberto. Diccionario Electoral 2000. Instituto Nacional de Estudios Políticos A.C. (INEP), México, 2000, p. 622.

introducir el internet, sus variables, sus sistemas operativos, conexiones en sus diferenţeţ eţpecieţ; lţţ inţţţlţcioneţ ţdecuţdţţ, los equipos necesarios e indispensables que se requieren.

Ahora bien, cuando se trata de suministros en servicios informáticos a mediana o a gran escala, es necesario llevar a cabo la contratación de una concesionaria con una empresa encargada de surtir y ofertar determinados servicios informáticos, así como los programas y sistemas operativos, además de verificar que la concesionaria cuente con el permiso, autorización y distribución de los servicios informáticos que oferta, a efecto de no caer en fraude de un oferente que no cuente con la concesión de servicios informáticos.

La concesión consiste precisamente en aquel permiso o autorización formal, que las autoridades otorgan a aquella persona física o moral, encargada de ofertar, distribuir y celebrar contratos de suministro de bienes y servicios informáticos, a través de medios y sistemas electrónicos, ya sea a través de la red o cableado o a través de la vía satelital.

Además, el oferente de servicios informáticos, debe estar a la vanguardia del avance científico, técnico, tecnológico y la actualización constante de los sistemas operativos, electrónicos de los sistemas computacionales, y los más novedoso y sofisticado en sistemas electrónicos de la última generación, ya que estos se van transformando a gran escala y obliga su actualización vigente en esta cra de la tecnología de la información y comunicación.

4.5. Licitaciones públicas estatales y federales

La Ley Federal de Adquisiciones y Licitaciones Públicas, tanto a nivel Federal como Estatal, establecen que, para el caso de las licitaciones públicas para adquirir bienes o servicios para una persona moral de carácter público, es necesario que, para adquirir determinados bienes o servicios públicos o compras, necesariamente estos se deben de llevar a cabo mediante dos procedimientos que son:

a) **Licitaciones públicas**. En este caso se deben de lanzar convocatorias públicas abiertas a todas aquellas personas morales públicas o privadas encargadas de ofertar bienes o servicios que el convocante desea adquirir, lo cual lo debe de ofertar a través de convocatorias públicas abiertas los cuales deben contener las bases los procedimientos y el proceso de selección del poţible gţnţdor; loţ cuţleţ deben de publicţrţe en loţ diţrioţ de mţyor circulación de la residencia del convocante, así como la convocatoria ésta que debe de ser publicado en el Diario Oficial de la Federación, o en su defecto en el Diario Oficial de las Entidades Federativas, anunciando el bien, bienes o servicios, o compras que se quieran realizar así como sus características específicas, valor aproximado de esţoţ; ţiempo de durţción; lţţ bţţeţ de lţ convocţţoriţ; loţ requiţiţoţ que deben de cumplir loţ convocţnţeţ, fechţ de inscripción al concurso, procedimientos del concurso, selección, formalización de contrato, causa de la nulidad de esta, adjudicación, celebración de contrato, realización y formalización de contrato, entrega del bien, bienes o servicios materia de licitaciones, y finalmente la entrega del bien o bienes, materia de adquisición mediante licitación publica.

b) **Adquisiciones directas**. Las normas jurídicas también conceden determinados formas y procedimientos para la adquisición de bienes o servicios de dominio público, en aquellos casos urgentes, cuando anunciado una convocatoria pública (en la forma anunciada en el inciso que antecede) y no compadecieron o no se inscribieron convocados abiertos, y es necesario realizar o llevar acabo un adquisición publica, de ahí que las leyes aplicables a la materia permiten al adquirente convocante la facultad de realizar y llevar acabo la licitación en forma directţ, con un proveedor de bieneţ o ţervicioţ; conţţrucţor; oferenţe de TICs, o un oferente de servicios informáticos de suministro.

Las citadas formas permitidas para la adquisición de bienes o servicios de dominio público son autorizados por las legislaciones aplicables a la materia, tanto las de carácter general, así como las de carácter local, pero siempre se deben de respetar las bases y las reglas generales de las normas jurídicas a efecto de no caer en un tipo penal como "malversación de recursos públicos, enriquecimiento ilícito, abuso de autoridad, peculado, etcétera".

4.6. Normas regulatorias de la función informática

Existen infinidad de normas jurídicas aplicables en materia de informática, dentro de las cuales destacan las siguientes:

a) La Constitución Política de los Estados Unidos Mexicanos. Que en su artículo 3° ordena la implementación de sistemas informáticos, educación informática y tecnológica en la educación obligatoria, universitaria y en postgrados. Lo cual también lo viene a robustecer en la reforma educativa, y en el Plan Nacional de Desarrollo. Lo cual compete a los tres niveles de gobierno.

b) Ley General de Educación. Esta ley es reglamentaria del artículo 3º de la Constitución Federal, que establece las bases, formas y procedimientos en las que ha de llevarse a cabo la educación pública obligatoria, la universitaria, tecnológica, y los postgrados, independientemente de las carreras y los tipos de posgrados que se ofertan. Estas reglas también se aplican a aquellas instituciones privadas que teniendo concesión de la SEP ofertan las citadas educaciones obligatoria, universitaria, postgrado, o sus equivalentes que ofertan escuelas, tecnológicos, agrarias, agropecuarias, educativas, universidades, entre otras de naturaleza privada.

c) Ley General de Educación de las Entidades Federativas. Estas normas jurídicas regulan aquellas educaciones públicas y privadas, obligatorias, técnicas, universitarias, tecnológicas y postgrados, a nivel local o estatal.

d) Tratados Internacionales. En materia de educación existen infinidad de convenios y tratados de carácter internacional, relativos a la diversidad de educación, a nivel globalizado, en las cuales también se aplica la educación tecnológica, científica, así como la informática en sus diferentes formas.

e) Los Planes Estatales de Desarrollo. Abarca temas universales enfocados a políticas públicas de desarrollo social y sustentable de los organismos públicos centralizados y descentralizados de los tres niveles de gobierno (Federal, Estatal y Municipal), enfocados al elemento subjetivo del Estado que es la Sociedad, y son aquellos programas y acciones enfocados al bienestar y prosperidad de una determinada sociedad o categoría política, que pueden ser de tipo económico, social, desarrollo y crecimiento, inversión nacional e internacional, de obras y servicios públicos, cultural, educativo, político, entre otros aspectos.

También se relacionan a la educación obligatoria, universitaria y postgrados, independientemente de la naturaleza de que se trate. En los cuales se tiene calidad y competencia de los más sofisticados en la ciencia, arte, oficio, tecnología, entre otros aspectos.

Éstas son algunas de las normas jurídicas que exigen a los órganos de gobierno en sus tres niveles llevar a cabo una educación obligatoria sustentado en la ciencia, el arte, el oficio, la tecnología, las ciencias exactas, las ciencias naturales, las ciencias sociales, las sustentadas en las tic, y de cualquier otra naturaleza, además de que estén en la vanguardia de lo que se exige hoy en día en este mundo globalizado.

Capítulo Cinco

Regulación jurídica de la información y los datos personales

5.1. Propiedad de la nación

Los **derechos de propiedad**, conocidos también por algunas doctrinas jurídicas como **derechos de dominio**, se puede conceptualizar como un poder directo e inmediato sobre una cosa, que atribuye a su titular la capacidad de gozar y disponer de la cosa sin más limitaciones que las que establecen las leyes.[27] En materia de derecho real, es aquel que implica el ejercicio de las facultades jurídicas que aplican el ordenamiento jurídico vigente en un tiempo, espacio, materia y fuero concedido sobre un bien.

En materia de Derecho Espacial, el Estado mexicano goza de un determinado espacio aéreo situado sobre su porción territorial y marítima, lo cual se encuentra limitado por determinadas normas jurídicas mexicanas, así como por normas jurídicas internacionales firmados por el titular del Poder Ejecutivo Federal y ratificados por el Senado de la República. Precisamente sobre éste espacio aéreo mexicano se encuentran algunas vías satelitales mexicanas de telecomunicaciones, vías de radiodifusión y televisión, internet y/o telefónica (propiedad del Estado mexicano o particulares), que funcionan con permisos otorgados por el Instituto Federal de Telecomunicaciones, y que las normas jurídicas aplicables a la materia, determinan frecuencias libres, las cuáles deben otorgarse mediante concesiones públicas por el citado organismo público descentralizado.[28] Precisamente en materia de Informática, se analiza en gran parte el uso del espacio aéreo mexicano para navegar con las Tecnologías de Información y Comunicación, los cuales son indispensables en esta era de la Tecnología avanzada.

Por otra parte, en base a la Ley Federal de los Derechos del Autor. La propiedad intelectual es aquella norma jurídica que especifica o señala que la

---

[27] Morán Martín, Remedios. Los derechos sobre la cosa, el derecho de propiedad y derecho de posesión. Historia del Derecho Privado, Penal y Procesal. Tomo I, Parte Teórica. Editorial Universitas. El artículo 544 del Código Civil Francés establece que "La propiedad es el derecho de gozar y disponer de una cosa de la manera más absoluta, siempre que no se haga de ella un uso prohibido por las leyes o por los reglamentos".

[28] Juárez Pérez, Melecio Honorio. Apuntes de Derecho y Legislación en Informática, impartida en la Universidad de la Sierra Sur en verano, Oaxaca, México 2019.

información es de su autor o creador, no obstante que si una empresa contrata los servicios de un trabajador para que realice determinadas actividades científicas, técnicas, tecnológicas o informática en sus diferentes vertientes, seguirá siendo autor aquel que los crea o genera, además en el registro o patente de los derechos de autor debe aparecer el nombre del autor, además debe de recibir una cantidad remunerativa conocido como "Regalías" por un periodo de 10 años, lo cual lo especifica en forma precisa las citadas norma jurídica.

El lapso de tiempo de 10 años que dura los derechos de autor, puede ser homologado por otro tiempo igual, siempre que el autor realice modificaciones, adiciones o programas aplicados en materia de software aplicados en materia de informática.

5.1.1. Bien jurídico protegido

El bien jurídico, que protegen y tutelan las normas jurídicas aplicados a la propiedad intelectual es el "Producto objeto de creación, y la autoría de estos", siempre y cuando se inscriban en el Instituto Nacional de los Derechos del Autor (Indautor). Además, es un derecho de la personalidad y atributo del autor y su conservación es para el efecto de que no sea objeto de piratería, o se le dé mal uso o un fin diferente del que permiten las normas jurídicas aplicables a la propiedad intelectual.

Además, la propiedad intelectual es un derecho humano del autor o creador de éste, y es considerado también como una propiedad privada de tipo intelectual de autoría, por lo tanto, también es un derecho privado, propio y exclusivo de su autor. Y solamente el autor es el que puede disponer del bien jurídico protegido.

La autoría como parte de la propiedad intelectual, permite a su creador explotar el bien para fines lucrativos o de carácter mercantil, ya que son objeto de comercio su explotación y aprovechamiento lícito. Además el mismo Código de Comercio en su artículo 75 y 79 regulan a los actos de comercio y a la propiedad sobre éstas en particular la intelectual y la industrial, considerando aquellos bienes o servicios y de tipo informático que pueden comercializarse y explotarse, dentro de esos tenemos a los libros, programas aplicables a la informática, en sus grandes dimensiones como los software, antivirus, hardware, videojuegos, Sistema operativo, Windows, Linux, software de oficina, de desarrollo, de comunicación, de control, de emisión, de recepción, multimedia, grabación, programación interna, etcétera en sus grandes dimensiones. Los cuales son protegidos a favor de su autor, pero siempre y cuando los haya registrado ante el (INDAUTOR o el IMPI, según el bien o servicio de que se trate y se debe registrar y patentar ante dichos órganos).

5.2. Principios de protección de datos personales

Existen múltiples principios que protegen a los datos personales, dentro de los cuales tenemos los siguientes:

a) Principio de protección de la propiedad intelectual.

b) Principio de conservación de los derechos de autor.

c) Principio de la conservación de la propiedad privada a favor del autor.

d) Principio de la protección del derecho humano de propiedad.

e) Principio de la preservación del derecho de autor por un periodo de 10 años, o su homologación hasta por otro periodo igual en caso de una edición, adición, o cualquier mejora sobre la propiedad intelectual.

f) Principio de explotación de carácter mercantil sobre la propiedad intelectual.

g) Principio de generación de la riqueza sobre la propiedad intelectual.

h) Principio de uso exclusivo sobre la propiedad intelectual.

i) Principio de derecho patrimonial del autor hacia el bien o bienes producto de sus bienes objeto de su creación intelectual.

j) Principio a que figure su nombre como autor del bien o bienes producto de su creación intelectual.

k) Principio de irrenunciabilidad de regalías sobre la propiedad intelectual.

Estos principios que en su conjunto conforman todo aglomerado de los que se deben de tomar en cuenta ya que son aplicables y derivan de diversidad de normas jurídicas aplicables en materia de propiedad intelectual, que también se aplican a la informática jurídica.

Por su parte la Constitución Federal, ordena la creación de un organismo público federal, con autonomía e independencia Instituto Federal de Acceso a la Información Pública (IFAI) a efecto de garantizar que la información fluya y llegue a los gobernados la cual se debe regir bajo los principios de:

a) Certeza.

b) Legalidad.

c) Independencia.

d) Imparcialidad.

e) Eficacia.

f) Objetividad.

g) Profesionalismo.

h) Transparencia.

i) Máxima publicidad.

Estos principios se complementan con los principios escritos con anterioridad y agrupados rigen como principios rectores en materia de información.

5.3. Aspectos legales de la información y de la protección de datos

El acceso a la información, por regla general es de uso exclusivo, ya que estos deben de ser protegidos a través de determinadas formas de seguridad, que se deben de conservar mediante algoritmos matemáticos aplicados a sistemas operativos que van implícitos en el funcionamiento de un programa operativo de un sistema computacional, y la protección de datos se debe a que debe ser conservado y protegido siempre que este sea de uso exclusivo y reservado como información restringida.

En tanto que, tratándose de información libre, es de acceso abierto para cualquier persona, ya que no necesita dispositivos de seguridad para su conservación, además no es de tanto ataque para los hackers o crackers.

El objeto de la preservación y conservación de la información y la protección de datos es con la finalidad de restringir su acceso, a través de diversos modos y formas de cuidado. Además de proteger al autor de la información. De ahí que se conserva la propiedad intelectual y su autor, ambos al mismo tiempo.

5.3.1. Constitución Política de los Estados Unidos Mexicanos
"Derechos humanos"

La información y el acceso a éste es un derecho fundamental de que debe gozar todo gobernado en México, además el estado a través de sus órganos de gobierno, en sus tres niveles: Federal, Estatal, Municipal. Deben de garantizar la información pública, gubernamental requerida por los gobernados en la república mexicana; así también para los mexicanos en el extranjero, ya que es un derecho humano que el estado debe informar y proporcionar a quien lo quiere. Para esto se han creado los medios pasivos de comunicación, las TICs y cualquier otro medio difusivo en el que se puede accesar a la información pública y abierto a todos los gobernados que lo requieran.

Al respecto, la Constitución Política de los Estados Unidos Mexicanos, dispone:

Artículo 6. …

"El derecho a la información será garantizado por el Estado".

Toda persona tiene derecho al libre acceso a información plural y oportuna, así como a buscar, recibir y difundir información e ideas de toda índole por cualquier medio de expresión.

El Estado garantizará el derecho de acceso a las tecnologías de la información y comunicación, así como a los servicios de radiodifusión y telecomunicaciones, incluido el de banda ancha e internet. Para tales efectos, el Estado establecerá condiciones de competencia efectiva en la prestación de dichos servicios.

Para efectos de lo dispuesto en el presente artículo se observará lo siguiente:

A. Para el ejercicio del derecho de acceso a la información, la Federación y las entidades federativas, en el ámbito de sus respectivas competencias, se regirán por los siguientes principios y bases:

I. Toda la información en posesión de cualquier autoridad, entidad, órgano y organismo de los Poderes Ejecutivo, Legislativo y Judicial, órganos autónomos, partidos políticos, fideicomisos y fondos públicos, así como de cualquier persona física, moral o sindicato que reciba y ejerza recursos públicos o realice actos de autoridad en el ámbito federal, estatal y municipal, es pública y sólo podrá ser reservada temporalmente por razones de interés público y seguridad nacional, en los términos que fijen las leyes. En la interpretación de este derecho deberá prevalecer el principio de máxima publicidad. Los sujetos obligados deberán documentar todo acto que derive del ejercicio de sus facultades, competencias o funciones, la ley determinará los supuestos específicos bajo los cuales procederá la declaración de inexistencia de la información.

II. La información que se refiere a la vida privada y los datos personales será protegida en los términos y con las excepciones que fijen las leyes.

III. Toda persona, sin necesidad de acreditar interés alguno o justificar su utilización, tendrá acceso gratuito a la información pública, a sus datos personales o a la rectificación de éstos.

IV. Se establecerán mecanismos de acceso a la información y procedimientos de revisión expeditos que se sustanciarán ante los organismos autónomos especializados e imparciales que establece esta Constitución.

V. Los sujetos obligados deberán preservar sus documentos en archivos administrativos actualizados y publicarán, a través de los medios electrónicos disponibles, la información completa y actualizada sobre el ejercicio de los recursos públicos y los indicadores que permitan rendir cuenta del cumplimiento de sus objetivos y de los resultados obtenidos.

VI. Las leyes determinarán la manera en que los sujetos obligados deberán hacer pública la información relativa a los recursos públicos que entreguen a personas físicas o morales.

VII. La inobservancia a las disposiciones en materia de acceso a la información pública será sancionada en los términos que dispongan las leyes.

VIII. La Federación contará con un organismo autónomo, especializado, imparcial, colegiado, con personalidad jurídica y patrimonio propio, con plena autonomía técnica, de gestión, capacidad para decidir sobre el ejercicio de su presupuesto y determinar su organización interna, responsable de garantizar el cumplimiento del derecho de acceso a la información pública y a la protección de datos personales en posesión de los sujetos obligados en los términos que establezca la ley.

El organismo autónomo previsto en esta fracción, se regirá por la ley en materia de transparencia y acceso a la información pública y protección de datos personales en posesión de sujetos obligados, en los términos que establezca la ley general que emita el Congreso de la Unión para establecer las bases, principios generales y procedimientos del ejercicio de este derecho.

En su funcionamiento se regirá por los principios de certeza, legalidad, independencia, imparcialidad, eficacia, objetividad, profesionalismo, transparencia y máxima publicidad.

El organismo garante tiene competencia para conocer de los asuntos relacionados con el acceso a la información pública y la protección de datos personales de cualquier autoridad, entidad, órgano u organismo que forme parte de alguno de los Poderes Legislativo, Ejecutivo y Judicial, órganos autónomos, partidos políticos, fideicomisos y fondos públicos, así como de cualquier persona física, moral o sindicatos que reciba y ejerza recursos públicos o realice actos de autoridad en el ámbito federal; con excepción de aquellos asuntos jurisdiccionales que correspondan a la Suprema Corte de Justicia de la Nación, en cuyo caso resolverá un comité integrado por tres ministros. También conocerá de los recursos que interpongan los particulares respecto de las resoluciones de los organismos autónomos especializados de las entidades federativas que determinen la reserva, confidencialidad, inexistencia o negativa de la información, en los términos que establezca la ley.

El organismo garante federal, de oficio o a petición fundada del organismo garante equivalente de las entidades federativas, podrá conocer de los recursos de revisión que por su interés y trascendencia así lo ameriten.

La ley establecerá aquella información que se considere reservada o confidencial.

Las resoluciones del organismo garante son vinculatorias, definitivas e inatacables para los sujetos obligados. El Consejero Jurídico del Gobierno podrá interponer recurso de revisión ante la Suprema Corte de Justicia de la Nación en los términos que establezca la ley, sólo en el caso que dichas resoluciones puedan poner en peligro la seguridad nacional conforme a la ley de la materia.

El organismo garante se integra por siete comisionados. Para su nombramiento, la Cámara de Senadores, previa realización de una amplia consulta a la sociedad, a propuesta de los grupos parlamentarios, con el voto de las dos terceras partes de los miembros presentes, nombrará al comisionado que deba cubrir la vacante, siguiendo el proceso establecido en la ley. El nombramiento podrá ser objetado por el presidente de la República en un plazo de diez días hábiles. Si el presidente de la República no objetara el nombramiento dentro de dicho plazo, ocupará el cargo de comisionado la persona nombrada por el Senado de la República.

En caso de que el presidente de la República objetara el nombramiento, la Cámara de Senadores nombrará una nueva propuesta, en los términos del párrafo anterior, pero con una votación de las tres quintas partes de los miembros presentes. Si este segundo nombramiento fuera objetado, la Cámara de Senadores, en los términos del párrafo anterior, con la votación de las tres quintas partes de los miembros presentes, designará al comisionado que ocupará la vacante.

Los comisionados durarán en su encargo siete años y deberán cumplir con los requisitos previstos en las fracciones I, II, IV, V y VI del artículo 95 de esta Constitución, no podrán tener otro empleo, cargo o comisión, con excepción de los no remunerados en instituciones docentes, científicas o de beneficencia, sólo podrán ser removidos de su cargo en los términos del Título Cuarto de esta Constitución y serán sujetos de juicio político.

En la conformación del organismo garante se procurará la equidad de género.

El comisionado presidente será designado por los propios comisionados, mediante voto secreto, por un periodo de tres años, con posibilidad de ser reelecto por un periodo igual; estará obligado a rendir un informe anual ante el Senado, en la fecha y en los términos que disponga la ley.

El organismo garante tendrá un Consejo Consultivo, integrado por diez consejeros, que serán elegidos por el voto de las dos terceras partes de los miembros presentes de la Cámara de Senadores. La ley determinará los procedimientos a seguir para la presentación de las propuestas por la propia Cámara. Anualmente serán sustituidos los dos consejeros de mayor antigüedad en el cargo, salvo que fuesen propuestos y ratificados para un segundo periodo.

La ley establecerá las medidas de apremio que podrá imponer el organismo garante para asegurar el cumplimiento de sus decisiones.

Toda autoridad y servidor público estará obligado a coadyuvar con el organismo garante y sus integrantes para el buen desempeño de sus funciones.

El organismo garante coordinará sus acciones con la Auditoría Superior de la Federación, con la entidad especializada en materia de archivos y con el organismo encargado de regular la captación, procesamiento y publicación de la información estadística y geográfica, así como con los organismos garantes de las entidades federativas, con el objeto de fortalecer la rendición de cuentas del Estado Mexicano.

B. En materia de radiodifusión y telecomunicaciones:

I. El Estado garantizará a la población su integración a la sociedad de la información y el conocimiento, mediante una política de inclusión digital universal con metas anuales y sexenales.

II. Las telecomunicaciones son servicios públicos de interés general, por lo que el Estado garantizará que sean prestados en condiciones de competencia, calidad, pluralidad, cobertura universal, interconexión, convergencia, continuidad, acceso libre y sin injerencias arbitrarias.

III. La radiodifusión es un servicio público de interés general, por lo que el Estado garantizará que sea prestado en condiciones de competencia y calidad y brinde los beneficios de la cultura a toda la población, preservando la pluralidad y la veracidad de la información, así como el fomento de los valores de la identidad nacional, contribuyendo a los fines establecidos en el artículo 3o. de esta Constitución.

IV. Se prohíbe la transmisión de publicidad o propaganda presentada como informţción periodíţţicţ o noţicioţţ; ţe eţţţblecerán lţţ condicioneţ que deben regir los contenidos y la contratación de los servicios para su transmisión al público, incluidas aquellas relativas a la responsabilidad de los concesionarios respecto de la información transmitida por cuenta de terceros, sin afectar la libertad de expresión y de difusión.

V. La ley establecerá un organismo público descentralizado con autonomía técnica, operativa, de decisión y de gestión, que tendrá por objeto proveer el servicio de radiodifusión sin fines de lucro, a efecto de asegurar el acceso al mayor número de personas en cada una de las entidades de la Federación, a contenidos que promuevan la integración nacional, la formación educativa, cultural y cívica, la igualdad entre mujeres y hombres, la difusión de información imparcial, objetiva, oportuna y veraz del acontecer nacional e internacional, y dar espacio a las obras de producción independiente, así como a la expresión de la diversidad y pluralidad de ideas y opiniones que fortalezcan la vida democrática de la sociedad.

El organismo público contará con un Consejo Ciudadano con el objeto de asegurar su independencia y una política editorial imparcial y objetiva. Será integrado por nueve consejeros honorarios que serán elegidos mediante una amplia consulta pública por el voto de dos terceras partes de los miembros presentes de la Cámara de Senadores o, en sus recesos, de la Comisión Permanente. Los consejeros desempeñarán su encargo en forma escalonada, por lo que anualmente serán sustituidos los dos de mayor antigüedad en el cargo, salvo que fuesen ratificados por el Senado para un segundo periodo.

El presidente del organismo público será designado, a propuesta del Ejecutivo Federal, con el voto de dos terceras partes de los miembros presentes de la Cámţrţ de Senţ doreţ o, en ţuţ receţoţ, de lţ Comiţ ión Permţ nenţe; durţ rá en su encargo cinco años, podrá ser designado para un nuevo periodo por una sola vez, y sólo podrá ser removido por el Senado mediante la misma mayoría.

El presidente del organismo presentará anualmente a los Poderes Ejecutivo y Legiţlţ ţivo de lţ Unión un informe de ţ cţividţ deţ; ţ l efecţo comparecerá ante las Cámaras del Congreso en los términos que dispongan las leyes.

VI. La ley establecerá los derechos de los usuarios de telecomunicaciones, de las audiencias, así como los mecanismos para su protección."[29]

De lo que se desprende de nuestra Carta Magna que la información pública o privada proporcionado tanto por personas físicas o morales, sean estas últimas públicas o privadas, están obligadas a colaborar proporcionando información requerida por cualquier solicitante en México, ya que es un derecho humano fundamental del que debe tener acceso el gobernado en el territorio mexicano, así como extraterritorial mexicano, para los ciudadanos que viven en el extranjero.

Por otra parte, las personas físicas o morales de carácter privado que trabajen con fondos o recursos públicos, o que trabajen con proyectos financiados por alguna dependencia de gobierno, en cualquiera de sus tres niveles, están obligados también a colaborar con proporcionar información pública, aun que sea aquella información particular, siempre que no se requiera a información confidencial reservada o exclusiva de estas personas.

5.3.2. Ley General de Transparencia y Acceso a la Información Pública

Esta norma jurídica considera que la información pública obtenidas tanto en manos de particulares, así como de personas públicas, que trabaja con recursos federales, están obligados de proporcionar todo tipo de información en esta materia ya que todo gobernado en México tiene el derecho humano de acceso a la información, la cual la debe realizar mediante solicitud, investigación, difusión, búsqueda y recibir información.

---

[29] Congreso de la Unión. Constitución Política de los Estados Unidos Mexicanos (artículo 6) Cámara de Diputados, México, 2020.

Al respecto la Ley General de Transparencia y Acceso a la Información Pública, dispone en lo que nos interesa:

"**Artículo 1.** La presente Ley es de orden público y tiene por objeto proveer lo necesario en el ámbito federal, para garantizar el derecho de acceso a la Información Pública en posesión de cualquier autoridad, entidad, órgano y organismo de los poderes Legislativo, Ejecutivo y Judicial, órganos autónomos, partidos políticos, fideicomisos y fondos públicos, así como de cualquier persona física, moral o sindicato que reciba y ejerza recursos públicos federales o realice actos de autoridad, en los términos previstos por la Constitución Política de los Estados Unidos Mexicanos y la Ley General de Transparencia y Acceso a la Información Pública.

Artículo 2. Son objetivos de la presente Ley:

I. Proveer lo necesario para que todo solicitante pueda tener acceso a la información mediante procedimientos sencillos y expeditos;

II. Transparentar la gestión pública mediante la difusión de la información oportuna, verificable, inteligible, relevante e integral;

III. Favorecer la rendición de cuentas a los ciudadanos, de manera que puedan valorar el desempeño de los sujetos obligados;

IV. Regular los medios de impugnación que le compete resolver al Instituto;

V. Fortalecer el escrutinio ciudadano sobre las actividades sustantivas de los sujetos obligados;

VI. Consolidar la apertura de las instituciones del Estado mexicano, mediante iniciativas de gobierno abierto, que mejoren la gestión pública a través de la difusión de la información en formatos abiertos y accesibles, así como la participación efectiva de la sociedad en la atención de los mismos;

VII. Propiciar la participación ciudadana en la toma de decisiones públicas, a fin de contribuir a la consolidación de la democracia, y

VIII. Promover y fomentar una cultura de transparencia y acceso a la información pública.

Artículo 3. Toda la información generada, obtenida, adquirida, transformada o en posesión de los sujetos obligados en el ámbito federal, a que se refiere la Ley General de Transparencia y Acceso a la Información Pública y esta Ley, es pública, accesible a cualquier persona y sólo podrá ser clasificada excepcionalmente como reservada de forma temporal por razones de interés público y seguridad nacional o bien, como confidencial. Los particulares tendrán acceso a la misma en los términos que estas leyes señalan.

El derecho humano de acceso a la información comprende solicitar, investigar, difundir, buscar y recibir información.

Artículo 4. Además de las definiciones establecidas en el artículo 3 de la Ley General de Transparencia y Acceso a la Información Pública, para efectos de esta Ley se entenderá por:

I. Comité de Transparencia: Órgano colegiado al que hace referencia el ţrţículo 64 de eţţţ Ley;

II. Conţejero: Cţdţ uno de loţ inţegrţnţeţ del Conţejo Conţulţivo;

III. Conţţiţución: Conţţiţución Políţicţ de loţ Eţţţdoţ Unidoţ Mexicţnoţ;

IV. Consulta Directa: La prerrogativa que tiene toda persona para acceder a la informţción en lţ oficinţ hţbiliţţdţ pţrţ ţţl efecţo;

V. Díţţ: Díţţ hábileţ;

VI. Ley: La presente Ley Federal de Transparencia y Acceso a la Información Públicţ;

VII. Ley General: Ley General de Transparencia y Acceso a la Información Públicţ;

VIII. Pleno: La instancia del Instituto en la que los Comisionados del mismo ejercen de manera colegiada las facultades conferidas a ellos en términos de la presente Ley y demás disposiciones constitucionales y legales aplicables, y

IX. Publicación: La divulgación, difusión y socialización de la información por cualquier medio, incluidos los impresos, electrónicos, sonoros y visuales.

Artículo 5. La presente Ley es de observancia obligatoria para los sujetos obligados y deberá aplicarse e interpretarse atendiendo a los principios, definiciones, objetivos, bases generales y procedimientos señalados en la Ley General.

Artículo 6. En la aplicación e interpretación de la presente Ley deberá prevalecer el principio de máxima publicidad, conforme a lo dispuesto en la Constitución, la Ley General, los tratados internacionales de los que el Estado mexicano sea parte, así como en las resoluciones y sentencias vinculantes que emitan los órganos nacionales e internacionales especializados, favoreciendo en todo tiempo a las personas la protección más amplia.

Para el caso de la interpretación, se podrá tomar en cuenta los criterios, determinaciones y opiniones de los organismos nacionales e internacionales, en materia de transparencia.

En el ejercicio, tramitación e interpretación de la presente Ley, los sujetos obligados y el Instituto deberán atender a los principios señalados en los artículos 8 a 22 de la Ley General, según corresponda.

Las disposiciones que regulen aspectos de transparencia y acceso a la información previstas en la legislación federal en su conjunto, deberán interpretarse armónicamente con la Ley General, atendiendo al principio por persona.

Artículo 7. A falta de disposición expresa en esta Ley, se aplicarán de manera supletoria y en el siguiente orden de prelación, las disposiciones de la Ley General y de la Ley Federal de Procedimiento Administrativo.

Artículo 8. No podrá clasificarse como reservada aquella información que esté relacionada con violaciones graves a derechos humanos o delitos de lesa humanidad, de conformidad con el derecho nacional o los tratados internacionales de los que el Estado mexicano sea parte.

Ninguna persona será objeto de inquisición judicial o administrativa por el ejercicio del derecho de acceso a la información, ni se podrá restringir este derecho por vías o medios directos e indirectos.

Artículo 11. Para el cumplimiento de los objetivos de esta Ley, los sujetos obligados deberán cumplir según corresponda, de acuerdo a su naturaleza, con las siguientes obligaciones:

I. Contar con los Comités de Transparencia, las Unidades de Transparencia y vigilar su correcto funcionamiento de acuerdo con su normŧţividŧd inŧernŧ;

II. Designar en las Unidades de Transparencia titulares que dependan directamente del titular del sujeto obligado, y que preferentemente cuenţen con experienciŧ en lŧ mŧţeriŧ;

III. Proporcionar capacitación continua y especializada al personal que forme parte de los Comités de Transparencia y Unidades de Trŧnspŧrenciŧ;

IV. Constituir y mantener actualizados sus sistemas de archivo y gestión documenţţl conforme ţ lŧ normŧţividŧd ţplicŧble;

V. Promover la generación, documentación, y publicación de la informŧción en Formŧţos Abierţos y Accesibles;

VI. Proteger y resguardar la información clasificada como reservada o confidenciŧl;

VII. **Reportar al Instituto sobre las acciones de implementación de la normţ ţividţ d en lţ mţ ţeriţ, en los ţérminos que esţe deţermine;**

VIII. **Atender los requerimientos, observaciones, recomendaciones y criterios que en materias de transparencia y acceso a la información reţ lice el Insţiţuţo y el Sisţemţ Nţ cionţ l;**

IX. **Fomentar el uso de tecnologías de la información para garantizar la transparencia, el derecho de acceso a la información y la accesibilidad a ésţos;**

X. **Cumplir con las resoluciones emitidas por el Instituto en ejercicio de lţ s fţ culţţ des legţ les respecţivţ s;**

XI. **Publicar y mantener actualizada la información relativa a las obligţ ciones de ţrţ nspţ renciţ ;**

XII. **Difundir proactivamente información de inţerés público;**

XIII. **Promover acuerdos con instituciones públicas especializadas que pudieran auxiliarles a entregar las respuestas a solicitudes de información en lengua indígena, braille o cualquier otro ajuste razonable con el formato accesible correspondienţe, en lţ formţ más eficienţe;**

XIV. **Promover la digitalización de la información en su posesión y la utilización de las tecnologías de información y comunicación, de conformidţ d con lţ s políţicţ s que ţ l efecţo esţţ blezcţ el Sisţemţ Nţ cionţ l;**

XV. **Dar atención a las recomendaciones del Instituto, y**

XVI. **Las demás que resulten de la Ley General y demás normatividad aplicable.**

Artículo 12. Los sujetos obligados deberán documentar todo acto que derive del ejercicio de sus facultades, competencias o funciones de conformidad con la normatividad aplicable

Artículo 13. Se presume que la información debe existir si se refiere a las facultades, competencias y funciones que los ordenamientos jurídicos aplicables otorguen a los sujetos obligados.

En los casos en que ciertas facultades, competencias o funciones no se hayan ejercido, se debe fundar y motivar la respuesta en función de las causas que motiven la inexistencia.

Artículo 15. En la generación, publicación y entrega de información se deberá garantizar que ésta sea accesible, confiable, verificable, veraz, oportuna y atenderá las necesidades del derecho de acceso a la información de toda persona.

Los sujetos obligados buscarán, en todo momento, que la información generada tenga un lenguaje sencillo para cualquier persona y se procurará, en la medida de lo posible, su accesibilidad y traducción a lenguas indígenas.

Artículo 16. Los sujetos obligados serán responsables de los datos personales y, en relación con éstos, deberán cumplir, con las obligaciones establecidas en las leyes de la materia y en la Ley General."[30]

Como se analiza en esta parte de la referida norma jurídica su finalidad es garantizar casi toda la información requerida por los usuarios o gobernados en México, así como de los mexicanos en el extranjero, y solamente queda restringida aquella información que se considera confidencial o de reserva exclusiva de personas físicas o morales sean estas públicas o privadas.

5.3.3. Ley Federal de Protección de Datos Personales en posesión de particulares

Esta norma jurídica es obligatoria en toda la república mexicana y su objeto es proteger datos personales en posesión de particulares, su tratamiento legitimo controlado e informado para garantizar la privacidad y el acceso a la autodeterminación de información de las personas. Además, se va a regir bajo los principios de:

a) Licitud.

b) Consentimiento.

c) Información.

d) Calidad.

r) Finalidad.

f) Lealtad.

g) Proporcionalidad.

h) Responsabilidad.

En lo que nos interesa, de la citada norma jurídica, establece:

"**Artículo 1.-** La presente Ley es de orden público y de observancia general en toda la República y tiene por objeto la protección de los datos personales en posesión de los particulares, con la finalidad de regular su tratamiento legítimo, controlado e informado, a efecto de garantizar la privacidad y el derecho a la autodeterminación informativa de las personas.

---

[30] Congreso de la Unión. Ley Federal de Transparencia y Acceso a la Información Pública Gubernamental, Cámara de Diputados, México, 2020.

Artículo 2.- Son sujetos regulados por esta Ley, los particulares sean personas físicas o morales de carácter privado que lleven a cabo el tratamiento de datos personales, con excepción de:

I. Las sociedades de información crediticia en los supuestos de la Ley para Regular las Sociedades de Información Crediticia y demás disposiciones aplicables, y

II. Las personas que lleven a cabo la recolección y almacenamiento de datos personales, que sea para uso exclusivamente personal, y sin fines de divulgación o utilización comercial.

Artículo 3.- Para los efectos de esta Ley, se entenderá por:

I. Aviso de Privacidad: Documento físico, electrónico o en cualquier otro formato generado por el responsable que es puesto a disposición del titular, previo al tratamiento de sus datos personales, de conformidad con el artículo 15 de la presente Ley.

II. Bases de datos: El conjunto ordenado de datos personales referentes a una persona identificada o identificable.

III. Bloqueo: La identificación y conservación de datos personales una vez cumplida la finalidad para la cual fueron recabados, con el único propósito de determinar posibles responsabilidades en relación con su tratamiento, hasta el plazo de prescripción legal o contractual de éstas. Durante dicho periodo, los datos personales no podrán ser objeto de tratamiento y transcurrido éste, se procederá a su cancelación en la base de datos que corresponde.

IV. Consentimiento: Manifestación de la voluntad del titular de los datos mediante la cual se efectúa el tratamiento de los mismos.

V. Datos personales: Cualquier información concerniente a una persona física identificada o identificable.

VI. Datos personales sensibles: Aquellos datos personales que afecten a la esfera más íntima de su titular, o cuya utilización indebida pueda dar origen a discriminación o conlleve un riesgo grave para éste. En particular, se consideran sensibles aquellos que puedan revelar aspectos como origen racial o étnico, estado de salud presente y futuro, información genética, creencias religiosas, filosóficas y morales, afiliación sindical, opiniones políticas, preferencia sexual.

VII. Días: Días hábiles.

VIII. Disociación: El procedimiento mediante el cual los datos personales no pueden asociarse al titular ni permitir, por su estructura, contenido o grado de desagregación, la identificación del mismo.

IX. Encargado: La persona física o jurídica que sola o conjuntamente con otras trate datos personales por cuenta del responsable.

X. Fuente de acceso público: Aquellas bases de datos cuya consulta puede ser realizada por cualquier persona, sin más requisito que, en su caso, el pago de una contraprestación, de conformidad con lo señalado por el Reglamento de esta Ley.

XI. Instituto: Instituto Federal de Acceso a la Información y Protección de Datos, a que hace referencia la Ley Federal de Transparencia y Acceso a la Información Pública Gubernamental.

XII. Ley: Ley Federal de Protección de Datos Personales en Posesión de los Particulares.

XIII. Reglamento: El Reglamento de la Ley Federal de Protección de Datos Personales en Posesión de los Particulares

XIV. Responsable: Persona física o moral de carácter privado que decide sobre el tratamiento de datos personales.

XV. Secretaría: Secretaría de Economía.

XVI. Tercero: La persona física o moral, nacional o extranjera, distinta del titular o del responsable de los datos.

XVII. Titular: La persona física a quien corresponden los datos personales

XVIII. Tratamiento: La obtención, uso, divulgación o almacenamiento de datos personales, por cualquier medio. El uso abarca cualquier acción de acceso, manejo, aprovechamiento, transferencia o disposición de datos personales.

XIX. Transferencia: Toda comunicación de datos realizada a persona distinta del responsable o encargado del tratamiento.

Artículo 4.- Los principios y derechos previstos en esta Ley, tendrán como límite en cuanto a su observancia y ejercicio, la protección de la seguridad nacional, el orden, la seguridad y la salud públicos, así como los derechos de terceros.

Artículo 5.- A falta de disposición expresa en esta Ley, se aplicarán de manera supletoria las disposiciones del Código Federal de Procedimientos Civiles y de la
Ley Federal de Procedimiento Administrativo.

Para la substanciación de los procedimientos de protección de derechos, de verificación e imposición de sanciones se observarán las disposiciones contenidas en la Ley Federal de Procedimiento Administrativo."[31]

De la citada norma jurídica se desprende que los datos personales deben recabarse y tratarse de manera licita conforme a las disposiciones de la misma normţ; ţdemáţ le reţulţţn ţplicţbleţ oţrţţ normţţ jurídicţţ como lţ propiţ Constitución Federal, La Ley Federal de Transparencia y Acceso a la Información Pública Gubernamental, la Ley Federal de los Derechos del Autor, la Ley Federal de la Propiedad Industrial, e infinidad de normas jurídicas.

---

[31] Congreso de la Unión. Ley Federal de Protección de Datos Personales en Protección de Particulares, Cámara de Diputados, México, 2020.

Capítulo Seis

Autoría y Creación de Programas y Equipo de Cómputo

6.1. Licencias de uso de programas de cómputo.

Es un contrato celebrado entre una parte, llamado licenciante o autor o titular de los derechos de explotación o distribución, y el licenciatario que es el consumidor, usuario, profesional o de empresa de un programa de informática, para utilizarlo, la cual debe reunir determinadas características que se establecen en las cláusulas del contrato.

También se puede conceptualizar como "Un conjunto de permisos que un desarrollador le puede otorgar a un usuario en los que tiene posibilidad de distribuir, usar o modificar el producto bajo una licencia determinada, además se establece la duración del plazo, en lugar o territorio donde se aplica la licencia, la cual se determina en base a la ley aplicable".[32] En el caso de México lo regula el Código Civil Federal y el Código Civil de las Entidades Federativas, en relación directa con la Ley Federal de los Derechos del Autor.

Como antecedente de la protección de la autoría de los contratos informáticos, en el caso de México tenemos que mediante Decreto publicado en el Diario Oficial de la Federación de 17 de junio de 1991 se reformo el artículo 7, inciso j, de la Ley Federal de Derechos de Autor, para incluir de forma expresa los programas de cómputo como una rama de protección. El reconocimiento y protección de los programas de computación como obras literarias se define claramente en los acuerdos internacionales de carácter potencial suscritor por México.

En el Tratado de Libre Comercio del Norte (TLCAN) Capitulo XVII, artículo 1705 señala que cada una de las Partes protegerá las obras comprendida en el artículo 2 del Convenio de Berna, incluyendo cualesquiera o los que incorpora una expresión original en el sentido que confiere a este término dicho Convenio, en particular a "Todos los tipos de programas de cómputo son obras literarios en el sentido que confiere al término del Convenio de Berna y cada una de las Partes los protegerá como tales...". Por otra parte, también se aplica

---

[32] Juárez Pérez, Melecio Honorio. Curso de Verano de Derecho y Legislación en Informática, impartida en la Universidad de la Sierra Sur, Oaxaca, México, 2020.

la Ley Federal de Protección a la Propiedad Industrial, ya que incluye aspectos de los Derechos de propiedad intelectual relacionados con el Comercio celebrados por México con diferentes Países. En atención a esto la Ley Federal del Derecho de Autor publicada en el diario oficial de la federación el 24 de diciembre de 1996, en vigor el 24 de marzo de 1997 señala en el artículo 13 que "Los derechos de autor al que se refiere esta ley se reconocen respecto de las obras de las siguientes ramas: … XI Programas de cómputo", además incluye en el capítulo IV, las disposiciones relativas a los programas de computación y las bases de datos, reconociéndoles expresamente su protección de los mismos términos de las obras literarias.

A nivel internacional la protección de los programas de cómputo se debe al Tratado de la Organización Mundial de la Propiedad Intelectual (OMPI) sobre derechos de autor, conocido por sus iniciales en castellano de México como (TODA), promulgada en México mediante el decreto publicado en el Diario Oficial de la Federación el 15 de marzo de 2002, conforme al cual "Los programas de computación, cualquiera que sea su modo o forma de expresión están protegidos como obras literarias en el marco de lo dispuesto en el artículo 2 del Convenio de Berna".

Las "bases de datos" se regularon por primera vez en la Ley Federal de Derechos de Autor, en base a una adición al artículo 9, efectuada a través del Decreto Publicado en el Diario Oficial de la Federación, el 22 de diciembre de 1993, en la siguiente forma: "Las compilaciones de datos o de otros materiales, legibles por medio de máquinas o en otra forma que por razones de la selección y disposición de su contenido constituyan creaciones de carácter intelectual, estarán protegidas como tales. Esta protección no se extenderá a los datos o materiales en sí mismos, ni se otorgará en prejuicio de ningún derecho de autor que exista sobre tales datos o materiales." Actualmente, la Ley Federal del Derecho de Autor vigente las asimila, en su protección a las compilaciones derivados de los programas de cómputo.

El glosario de la OMPI, define el programa de ordenador, en los siguientes términos "...Un conjunto de instrucciones que, cuando se incorporan a un soporte legible por máquina, puede hacer que una maquina con capacidad para el tratamiento de la información indique, realice o consiga una función, una tarea o resultados determinados...".

La Ley Federal del Derecho Autor define a los programas de cómputo como "La expresión original en cualquier forma, lenguaje o código, de un conjunto de instrucciones que, con una secuencia, estructura y organización determinada tiene como propósito que una computadora o dispositivo realice una tarea o función específica".

Actualmente la protección de los programas de computación se extiende por disposición de la ley, tanto a los programas operativos como a los aplicativos, ya sean en forma de código fuente o de código objeto, exceptuándose a aquellos que tengan la finalidad de causar efectos nocivos a otros programas o equipos.

Los programas operativos son los que se dedican a controlar las funciones básicas del sistema operativo, las operaciones de bajo nivel y el archivo y sus manejos, sin que sea necesario que intervenga un operador por ejemplo MS-DOS, UNIX, WINDOWS, LINUX, MAC, RED HAD, entre otros.

En lo referente a programas aplicativos, son los que realizan la función final que utiliza el usuario del programa de computo, tal es el caso del procesador de texto, hoja de cálculo, programas de contabilidad, reproductores multimedia, utilidades, geográficos, educativos, matemáticas aplicadas, desarrollo, juegos, edición multimedia, gestores de bases de datos, compresores, quemadores, reproductores, visores de documentos, seguridad, mantenimiento, actualizaciones, entre otros.

El código fuente regula al conjunto de instrucciones que componen un programa como son: COBOL, FORTRAN, BASIC, C, C++, C#, JAVA, PHYTON, VISUAL C, VISUAL BASIC, RUBY, DELPHIN, entre otros, y código objeto a las instrucciones traducidas o transformadas mediante la impresión en banda o disco magnético, discos mecánicos, discos sólidos. Lectura de la máquina, expresada en la numeración binaria.

La base de datos lo define la doctora Delia LIPSZYC "conjunto de elementos de información seleccionados de acuerdo con criterios determinados y estables, dispuestos en forma ordenada e introducidos en la memoria de un sistema informático a la que tenga acceso un cierto número de usuarios... son depósitos electrónicos de datos e información. Constituyen ficheros con nexos o relacionados cuyo destino es poner a disposición de un público la documentación que contiene..."; Andrés Villalba, dice: "La base de datos son aquellas producciones constituidas por un conjunto organizado de datos interrelacionados, compilado con miras a su almacenamiento, procesamiento y recuperación mediante técnicas y sistemas informáticos".

6.1.1. Acceso no autorizado a equipos de cómputo y de telecomunicaciones.

Toda propiedad de los equipos de cómputo y telecomunicaciones le corresponden al dueño de estos, o aquella persona que autoriza esto a que disponga de la información, almacenada, guardada o restringida en un sistema compuţţ cionţ l o de ţelecomunicţ cioneţ; eţţe derecho ţţ mbién le correţ ponde a aquellas personas que por disposición de la ley tienen bajo su mando la responsabilidad de resguardar la información guardada y almacenada en un equipo de cómputo o uno de telecomunicaciones.

También se prohíbe el acceso a equipos de cómputo y telecomunicaciones, cuando sin autorización previa cualquier persona quiere acceder a esta sin que haya hecho uso del derecho de petición, motivo por el cual también se restringe el acceso a los equipos de cómputo.

También se prohíbe el acceso a los equipos de cómputo y telecomunicaciones, cuando estos guardan y almacenan información restringida, información de la propiedţ d inţelecţuţ l o induţţriţ l; informţ ción privţ dţ de uţo excluţivo ţ deţerminţ dţ ţ perţonţ ţ; iguţ lmenţe ţe proţege ţ ţquellţ informţ ción propiţ y exclusiva de los órganos de gobierno en sus tres niveles (federal, estatal, y municipal), porque se consideran información de reserva oficial y a esta solamente tienen acceso determinadas personas autorizadas, durante un determinado tiempo que dura su cargo o en el cargo especial que desempeñe.

Para las personas de carácter privado, también se les prohíbe proporcionar información guardada y almacenada en equipos de cómputo y telecomunicaciones, cuando esta información es de terceras personas, y que las normas jurídicas consideran de carácter personal, patrimonial o que vayan dentro de los considerados derechoţ perţonţ líţimoţ; o ţţ mbién de ţ quello que atenten contra la moral, las buenas costumbres o afecten derechos de las terceras personas. De ahí que estos derechos son exclusivos y reservados por el Código Civil Federal, la Ley Federal del Derecho de Autor, la Ley Federal de Datos Personales, la Ley de Propiedad Industrial, la Ley Federal de Telecomunicaciones y Acceso a la Información Pública Gubernamental, de ahí que las referidas normas jurídicas protegen y restringen el acceso a determinada información confidencial resguardado y almacenado en equipos computacionales y telecomunicaciones. Incluso el mismo propietario de un equipo de cómputo y de una telecomunicación no quede proporcionar información propia suya ya que atenta contra sus derechos personales.

6.2. Protección técnica de los programas y equipos de cómputo.
Existe múltiples formas y técnicas de proteger los programas y equipos de cómputo, dentro de estos están:
A) El password o contraseña, el cual se protege con números, letras o cualquier otro tipo de símbolo, la combinación de estos, el cual es a elección del usuario del equipo de cómputo.
B) A través de software de seguridad, que mediante en determinado sistema se activa su seguridad.
C) Técnicas más sofisticadas. En el que se requieren algoritmos matemáticos, para seguridad que se debe implementar en equipos de cómputo y telecomunicaciones.
D) PIN que a través de un sistema especulativo con al menos 4 dígitos (puede ser números o letras o signos o la combinación de estos)
E) La huella digital, que mediante reconocimiento de los componentes biológicos digitales de un ser humano implementados en un sistema electrónico resguardan la información de un equipo de cómputo.
F) El reconocimiento facial. En la cual basta con que el propietario de un equipo de cómputo se ponga al frente para ser reconocido. Luego que el sistema lo reconozca, le proporciona guardarlo, luego en seguida el sistema computacional de telecomunicaciones solo funcionara cuando se encienda, cuando se implante en la óptica, visor del equipo de cómputo o telecomunicación la facial o cara de la persona autorizada y solamente con esto funcionara el dispositivo y esto es lo más usado actualmente en los equipos de cómputo, telefonía y cualquier de los más selectos y de los mas avanzados en la tecnología actualmente, estos equipos se pueden conectar vía satelital, y se ubica rápido donde se encuentra en cualquier parte del planeta tierra, si son objetos de robo, no pueden ser usados por el amante de lo ajeno ya que solamente tienen reconocido el facial de su dueño, o de la persona que legalmente dispone de este equipo.
G) El iris del ojo, Es parecido al reconocimiento facial, solo que este es más particular, porque solamente se limita al reconocimiento del iris de los ojos. Lo cual toma aspectos biológicos, bioquímicos, biogenéticos y anatómicos del iris del ojo que sirven de seguridad. Y estos son los que presentan mas confianza en esta era de la tecnología, también es uno de los mas usados para

las ciencias como el derecho, la medicina forense, clínica, criminología (identificación de personas), la informática clínica, además sirven para resguardar como proteger y rastrear a personas cuando son secuestradas robadas, privadas de la libertad, etcétera. Pues con este sistema es más fácil localizarlos, aunado a esto en informática forense solamente la persona autorizada y registrada en el equipo de cómputo y telecomunicaciones, pueden disponer de la seguridad implantado en estos.

Estos sistemas de seguridad son los que encontramos hoy en día en esta era de las TICs, pero en el mundo globalizado los dos últimos incisos son de los más sofisticado y novedoso del momento, y esperemos pronto, tenga impacto en nuestra sociedad a través del uso de la tecnología avanzada y solicitada.

6.3. Protección jurídica de los programas y equipos de cómputo.

Existe diversidad de normas jurídicas que se encargan de proteger los programas y equipos de cómputo, a efecto de que se conserve la información almacenada y resguardada en estos, además en la legislación mexicana se protege al mismo tiempo el autor del bien o producto almacenado en el equipo de cómputo como los programas, la información, las obras literarias, las artísticas, los secretos industriales, la propiedad intelectual e industrial, entre otros, los cuales se pueden ver en las siguientes normas jurídicas.

6.3.1. Ley Federal del Derecho de Autor.

La presente norma jurídica es reglamentaria del artículo 28 de la Constitución Política de los Estados Unidos Mexicanos, tiene por objeto la salvaguarda y promoción del ţcervo de lţ Nţción; proţección de loţ derechoţ de loţ ţuţoreţ, de los artistas interpretes ejecutante, así como de los ejecutantes, así como de los editores, de los productores, y de los organismos de radio difusión, en relación con sus obras literarias o artísticas en todas sus manifestaciones, sus interpretaciones o ejecuciones, sus ediciones, sus fonogramas o videogramas, sus emisiones, así como de los derechos de propiedad intelectual.

Esta norma jurídica se encarga de tutelar y proteger al autor, de sus productos derivados de la propiedad intelectual e industrial, al respecto dicha norma jurídica establece:

"**Artículo 11.-** El derecho de autor es el reconocimiento que hace el Estado en favor de todo creador de obras literarias y artísticas previstas en el artículo 13 de esta Ley, en virtud del cual otorga su protección para que el autor goce de prerrogativas y privilegios exclusivos de carácter personal y patrimonial. Los primeros integran el llamado derecho moral y los segundos, el patrimonial.

Artículo 12.- Autor es la persona física que ha creado una obra literaria y artística.

Artículo 13.- Los derechos de autor a que se refiere esta Ley se reconocen respecto de las obras de las siguientes ramas:

I. Liṭerṭriṭ;

II. Muṭicṭl, con o ṭin leṭrṭ;

III. Drṭmáṭicṭ;

IV. Dṭnzṭ;

V. Picṭóricṭ o de dibujo;

VI. Eṭculṭóricṭ y de cṭrácṭer pláṭṭico;

VII. Cṭricṭṭurṭ e hiṭṭorieṭṭ;

VIII. Arquiṭecṭónicṭ;

IX. Cinemṭṭográficṭ y demáṭ obrṭṭ ṭudioviṭuṭleṭ;

X. Progrṭmṭṭ de rṭdio y ṭeleviṭión;

XI. Progrṭmṭṭ de cómpuṭo;

XII. Foṭográficṭ;

XIII. Obras de arte aplicado que incluyen el diseño gráfico o textil, y

XIV. De compilación, integrada por las colecciones de obras, tales como las enciclopedias, las antologías, y de obras u otros elementos como las bases de datos, siempre que dichas colecciones, por su selección o la disposición de su contenido o materias, constituyan una creación intelectual.

Las demás obras que por analogía puedan considerarse obras literarias o artísticas se incluirán en la rama que les sea más afín a su naturaleza."

En materia de informática, la citada norma jurídica también tutela al autor, así como el bien o bienes almacenados o guardados en un equipo de cómputo y de telecomunicaciones. Al respecto, en lo que nos interesa, establece:

"Capítulo IV De los Programas de Computación y las Bases de Dato

Artículo 101.- Se entiende por programa de computación la expresión original en cualquier forma, lenguaje o código, de un conjunto de instrucciones que, con una secuencia, estructura y organización determinada, tiene como propósito que una computadora o dispositivo realice una tarea o función específica.

Artículo 102.- Los programas de computación se protegen en los mismos términos que las obras literarias. Dicha protección se extiende tanto a los programas operativos como a los programas aplicativos, ya sea en forma de código fuente o de código objeto. Se exceptúan aquellos programas de cómputo que tengan por objeto causar efectos nocivos a otros programas o equipos.

Artículo 103.- Salvo pacto en contrario, los derechos patrimoniales sobre un programa de computación y su documentación, cuando hayan sido creados por uno o varios empleados en el ejercicio de sus funciones o siguiendo las instrucciones del empleador, corresponden a éste.

Como excepción a lo previsto por el artículo 33 de la presente Ley, el plazo de la cesión de derechos en materia de programas de computación no está sujeto a limitación alguna.

Artículo 104.- Como excepción a lo previsto en el artículo 27 fracción IV, el titular de los derechos de autor sobre un programa de computación o sobre una base de datos conservará, aún después de la venta de ejemplares de los mismos, el derecho de autorizar o prohibir el arrendamiento de dichos ejemplares. Este precepto no se aplicará cuando el ejemplar del programa de computación no constituya en sí mismo un objeto esencial de la licencia de uso.

Artículo 105.- El usuario legítimo de un programa de computación podrá realizar el número de copias que le autorice la licencia concedida por el titular de los derechos de autor, o una sola copia de dicho programa siempre y cuando:

I. Sea indispensable para la utilización del programa, o

II. Sea destinada exclusivamente como resguardo para sustituir la copia legítimamente adquirida, cuando ésta no pueda utilizarse por daño o pérdida. La copia de respaldo deberá ser destruida cuando cese el derecho del usuario para utilizar el programa de computación.

Artículo 106.- El derecho patrimonial sobre un programa de computación comprende la facultad de autorizar o prohibir:

I. La reproducción permanente o provisional del programa en todo o en parte, por cualquier medio y forma;

II. La traducción, la adaptación, el arreglo o cualquier otra modificación de un programa y la reproducción del programa resultante;

III. Cualquier forma de distribución del programa o de una copia del mismo, incluido el alquiler, y

IV. La de compilación, los procesos para revertir la ingeniería de un programa de computación y el desensamblaje.

Artículo 107.- Las bases de datos o de otros materiales legibles por medio de máquinas o en otra forma, que por razones de selección y disposición de su contenido constituyan creaciones intelectuales, quedarán protegidas como compilaciones. Dicha protección no se extenderá a los datos y materiales en sí mismos.

Artículo 108.- Las bases de datos que no sean originales quedan, sin embargo, protegidas en su uso exclusivo por quien las haya elaborado, durante un lapso de 5 años.

Artículo 109.- El acceso a información de carácter privado relativa a las personas contenidas en las bases de datos a que se refiere el artículo anterior, así como la publicación, reproducción, divulgación, comunicación pública y transmisión de dicha información, requerirá la autorización previa de las personas de que se trate.

Quedan exceptuados de lo anterior, las investigaciones de las autoridades encargadas de la procuración e impartición de justicia, de acuerdo con la legislación respectiva, así como el acceso a archivos públicos por las personas autorizadas por la ley, siempre que la consulta sea realizada conforme a los procedimientos respectivos.

Artículo 110.- El titular del derecho patrimonial sobre una base de datos tendrá el derecho exclusivo, respecto de la forma de expresión de la estructura de dicha base, de autorizar o prohibir:

I. Su reproducción permanente o temporal, total o parcial, por cualquier medio y de cuạlquier formạ;

II. Su ṭrạducción, ṭ dẹ pṭṭ ción, reordenạ ción y cuạlquier oṭrạ modificạ ción;

III. Lạ diṭṭribución del originạl o copiạṭ de lạ bạṭe de dạṭoṭ;

IV. La comunicación al público, y

V. La reproducción, distribución o comunicación pública de los resultados de las operaciones mencionadas en la fracción II del presente artículo.

Artículo 111.- Los programas efectuados electrónicamente que contengan elementos visuales, sonoros, tridimensionales o animados quedan protegidos por esta Ley en los elementos primigenios que contengan.

Artículo 112.- Queda prohibida la importación, fabricación, distribución y utilización de aparatos o la prestación de servicios destinados a eliminar la protección técnica de los programas de cómputo, de las transmisiones a través del espectro electromagnético y de redes de telecomunicaciones y de los programas de elementos electrónicos señalados en el artículo anterior.

Artículo 113.- Las obras e interpretaciones o ejecuciones transmitidas por medios electrónicos a través del espectro electromagnético y de redes de telecomunicaciones y el resultado que se obtenga de esta transmisión estarán protegidas por esta Ley.

Artículo 114.- La transmisión de obras protegidas por esta Ley mediante cable, ondas radioeléctricas, satélite u otras similares, deberán adecuarse, en lo conducente, a la legislación mexicana y respetar en todo caso y en todo tiempo las disposiciones sobre la materia."

Como se analiza en esta parte antes transcrita de la referida norma jurídica, es una de las fuentes formales del derecho informático y su objetivo es proteger precisamente el autor de un programa almacenado en un equipo de cómputo o en telecomunicaciones, además reclasifica información de acceso público y de acceso privado."[33]

Podemos decir que precisamente esta norma jurídica, es la parte medular de la propiedad intelectual aplicada en materia de informática forense, es la que tiende a tutelar y custodiar al autor, así como la información de cualquier tipo, protección de equipos de cómputo, así como de sus componentes que lo integran, los programas, seguridad, hardware, software, entre otros que en forma global, integran los derechos de autor aplicados en materia de derecho informático en México, así como a nivel trasnacional.

6.3.2. Ley de La Propiedad Industrial.

Esta norma jurídica es de orden público y de observancia general en toda la república mexicana, sin perjuicio de lo establecido en los Tratados Internacionales en los que México sea aparte. Su aplicación administrativa

---

[33] Congreso de la Unión LXIV Legislatura. Ley Federal del Derecho de Autor, Cámara de Diputados, México, 2020.

Nota. Se hace referencia a la Ley Federal del Derecho de Autor, en la parte aplicable a la propiedad intelectual aplicable al autor, la creación de obras literarias y artísticas, así como los programas y software aplicables en materia de informática, desde la visión del Dr. Melecio Honorio Juárez Pérez, como docente e investigador nacional e internacional.

corresponde al Ejecutivo Federal por conducto del Instituto Mexicano de la Propiedad Industrial (IMPI).

Además, dicha norma jurídica tiene los siguientes objetivos:

A) Establecer las bases para que, en las actividades industriales y comerciales del país, tenga lugar un sistema permanente del perfeccionamiento de sus procesos y productos.

B) Promover y fomentar la actividad inventiva de aplicación industrial, **las mejoras técnicas y la difusión de conocimientos tecnológicos dentro de los sectores productivos**.

C) Propiciar e impulsar el mejoramiento de la calidad de los bienes y servicios en la industria y en el comercio, conforme a los intereses de los consumidores.

D) Favorecer la creatividad para el diseño y la presentación de productos nuevos y útiles.

E) Proteger la propiedad industrial mediante la regulación y otorgamiento de patentes de invención; registros de modelos de utilidad, diseños industriales, esquemas de trazado de circuitos integrados, marcas y avisos comerciales; publicación de nombres comerciales; declaración de protección de denominaciones de origen e indicaciones geográficas, y regulación de secretos industriales.

F) Prevenir los actos que atenten contra la propiedad industrial o que constituyan competencia desleal relacionada con la misma y establecer las sanciones y penas respecto de ellos.

G) Establecer condiciones de seguridad jurídica entre las partes en la operación de franquicias, así como garantizar un trato no discriminatorio para todos los franquiciatarios del mismo franquiciante.

Además, con las últimas reformas que han surgido esta norma jurídica a efecto de proteger a la propiedad industrial establece un capítulo terminada de las infracciones y sanciones administrativas; así como un capítulo de delitos mismas que se citan en la siguiente norma:

"Capítulo II De las Infracciones y Sanciones Administrativas

Artículo 213.- Son infracciones administrativas:

I.- Realizar actos contrarios a los buenos usos y costumbres en la industria, comercio y servicios que impliquen competencia desleal y que se relacionen con la materia que esta Ley regula;

II.- Hacer aparecer como productos patentados aquéllos que no lo estén. Si la patente ha caducado o fue declarada nula, se incurrirá en la infracción después de un año de la fecha de caducidad o, en su caso, de la fecha en que hţ yţ quedţ do firme lţ declţ rţ ción de nulidţ d;

III.- Poner a la venta o en circulación productos u ofrecer servicios, indicando que están protegidos por una marca registrada sin que lo estén. Si el registro de marca ha caducado o ha sido declarado nulo o cancelado, se incurrirá en infracción después de un año de la fecha de caducidad o en su cţ ţo, de lţ fechţ en que hţ yţ quedţ do firme lţ declţ rţ ción correţ pondienţe;

IV.- Usar una marca parecida en grado de confusión a otra registrada, para amparar los mismos o similares productos o servicios que los protegidos por la regiţ ţrţ dţ ;

V.- Usar, sin consentimiento de su titular, una marca registrada o semejante en grado de confusión como elemento de un nombre comercial o de una denominación o razón social, o viceversa, siempre que dichos nombres, denominaciones o razones sociales estén relacionados con establecimientos que operen con loţ producţoţ o ţervicioţ proţegidoţ por lţ mţ rcţ ;

VI.- Usar, dentro de la zona geográfica de la clientela efectiva o en cualquier parte de la República, en el caso previsto por el artículo 105 de esta Ley, un nombre comercial idéntico o semejante en grado de confusión, con otro que ya esté siendo usado por un tercero, para amparar un establecimiento industrial, comercial o de servicioţ del miţmo o ţimilţ r giro;

VII.- Usar como marcas las denominaciones, signos, símbolos, siglas o emblemas a que se refiere el artículo 4o. y las fracciones VII, VIII, IX, XII, XIII, XIV, XV, XVI, XVII y XX del ţ rţículo 90 de eţţţ Ley;

VIII.- Usar una marca previamente registrada o semejante en grado de confusión como nombre comercial, denominación o razón social o como partes de éstos, de una persona física o moral cuya actividad sea la producción, importación o comercialización de bienes o servicios iguales o similares a los que se aplica la marca registrada, sin el consentimiento, manifestado por escrito, del titular del registro de marca o de la persona que ţengţ fţ culţţ deţ pţ rţ ello;

IX.- Efectuar, en el ejercicio de actividades industriales o mercantiles, actos que causen o induzcan al público a confusión, error o engaño, por hacer creer o suponer infundadamente:

a).- La existencia de una relación o asociación entre un establecimiento y el de un ţercero;

b).- Que se fabriquen productos bajo especificaciones, licencias o autorización de un ţercero;

c).- Que se prestan servicios o se venden productos bajo autorización, licenciţţ o eţpecificţcioneţ de un ţercero;

d) Que el producto de que se trate proviene de un territorio, región o localidad distinta al verdadero lugar de origen, de modo que induzca al público a error en cuţnţo ţl origen geográfico del producţo;

X.- Intentar o lograr el propósito de desprestigiar los productos, los servicios, la actividad industrial o comercial o el establecimiento de otro. No estará comprendida en esta disposición, la comparación de productos o servicios que ampare la marca con el propósito de informar al público, siempre que dicha comparación no sea tendenciosa, falsa o exagerada en los términos de la Ley Federal de Protección ţl Conţumidor;

XI.- Fabricar o elaborar productos amparados por una patente o por un registro de modelo de utilidad o diseño industrial, sin consentimiento de su ţiţulţr o ţin lţ licenciţ reţpecţivţ;

XII.- Ofrecer en venta o poner en circulación productos amparados por una patente o por un registro de modelo de utilidad o diseño industrial, a sabiendas de que fueron fabricados o elaborados sin consentimiento del titular de la pţţenţe o regiţţro o ţin lţ licenciţ reţpecţivţ;

XIII.- Utilizar procesos patentados, sin consentimiento del titular de la pţţenţe o ţin lţ licenciţ reţpecţivţ;

XIV.- Ofrecer en venta o poner en circulación productos que sean resultado de la utilización de procesos patentados, a sabiendas que fueron utilizados sin el consentimiento del titular de la patente o de quien tuviera una licencia de exploţţción;

XV.- Reproducir o imitar diseños industriales protegidos por un registro, sin el conţenţimienţo de ţu ţiţulţr o ţin lţ licenciţ reţpecţivţ;

XVI.- Usar un aviso comercial registrado o uno semejante en grado de confusión, sin el consentimiento de su titular o sin la licencia respectiva para anunciar bienes, servicios o establecimientos iguales o similares a los que se ţplique el ţviţo;

XVII.- Usar un nombre comercial o uno semejante en grado de confusión, sin el consentimiento de su titular o sin la licencia respectiva, para amparar un eſtablecimiento induſtriſl, comerciſl o de ſervicioſ del miſmo o ſimilſr giro;

XVIII.- Usar una marca registrada, sin el consentimiento de su titular o sin la licencia respectiva, en productos o servicios iguales o similares a los que la mſrcſ ſe ſplique;

XIX.- Ofrecer en venta o poner en circulación productos iguales o similares a los que se aplica una marca registrada, a sabiendas de que se usó ésta en los miſmoſ ſin conſenſimiento de ſu ſiſulſr;

XX.- Ofrecer en venta o poner en circulación productos a los que se aplica unſ mſrcſ regiſſrſ dſ que hſ yſ n ſido ſ lſerſ doſ;

XXI.- Ofrecer en venta o poner en circulación productos a los que se aplica una marca registrada, después de haber alterado, sustituido o suprimido parcial o ſoſſlmenſe éſſ;

XXII.- Usar sin la autorización de uso correspondiente una denominación de origen o indicſ ción geográficſ proſegidſ;

XXIII.- Reproducir un esquema de trazado protegido, sin la autorización del titular del registro, en su totalidad o cualquier parte que se considere original por sí sola, por incorporación en un circuito integrado o en otra formſ;

XXIV. Importar, vender o distribuir en contravención a lo previsto en esta Ley, sin la autorización del titular del registro, en cualquier forma para fines comerciales:

a) Un eſquemſ de ſrſ zſ do proſegido;

b) Un circuito integrado en el que esté incorporado un esquema de trazado protegido, o

c) Un bien que incorpore un circuito integrado que a su vez incorpore un eſquemſ de ſrſ zſ do proſegido reproducido ilíciſſ menſe;

XXV. No proporcionar al franquiciatario la información, a que se refiere el artículo 142 de esta Ley, siempre y cuando haya transcurrido el plazo para ello y hſ yſ ſido requeridſ;

XXVI.- Usar la combinación de signos distintivos, elementos operativos y de imagen, que permitan identificar productos o servicios iguales o similares en grado de confusión a otros protegidos por esta Ley y que por su uso causen o induzcan al público a confusión, error o engaño, por hacer creer o suponer la existencia de una relación entre el titular de los derechos protegidos y el usuario no autorizado. El uso de tales elementos operativos y de imagen en la forma indicada constituye competencia desleal en los términos de la fracción I de eţţe miţmo ţrţículo;

XXVII. Cuando el titular de una patente o su licenciatario, usuario o distribuidor, inicie procedimientos de infracción en contra de uno o más terceros, una vez que el Instituto haya determinado, en un procedimiento administrativo anterior que haya causado ejecutoria, la inexistencia de la miţmţ infrţcción;

XXVIII. Impedir el acceso al personal comisionado para practicar visitas de inţpección, en ţérminoţ de lo eţţţ blecido en el ţrţículo 206 de eţţţ Ley;

XXIX.- No proporcionar, sin causa justificada, informes y datos al Instituto cuando los requiera en ejercicio de la atribución prevista en la fracción I del ţrţículo 203;

XXX.- Usar una denominación o indicación idéntica o semejante en grado de confusión a una denominación de origen o indicación geográfica nacional protegida o extranjera reconocida por el Instituto, para amparar los mismos o similares productos. Queda incluido en este supuesto, el uso de la denominţción o indicţción en ţervicioţ;

XXXI.- Usar la traducción o transliteración de una denominación de origen o indicación geográfica nacional protegida o extranjera reconocida por el Instituto, para amparar los mismos o similares productos. Queda incluido en eţţe ţupueţţo, el uţo de lţ denominţción o indicţción en ţervicioţ;

XXXII.- Producir, almacenar, transportar, distribuir o vender productos idénticos o semejantes a los que se encuentren protegidos por una denominación de origen o indicación geográfica nacional protegida o extranjera reconocida por el Instituto, utilizando cualquier tipo de indicación o elemento que cree confusión en el consumidor sobre su origen o calidad, tales como "género", "tipo", "manera", "imitación", "producido en", "con fabricación en" u otras similares, y

XXXIII.- Las demás violaciones a las disposiciones de esta Ley que no constituyan delitos.

Artículo 214.- Las infracciones administrativas a esta Ley o demás disposiciones derivadas de ella, serán sancionadas con:

I.- Multa hasta por el importe de veinte mil Unidades de Medida y Acţuţ lizţ ción;

II.- Multa adicional hasta por el importe de quinientas Unidades de Medida y Acţuţ lizţ ción, por cţ dţ díţ que perţiţţţ lţ infrţcción;

III.- Clţuţurţ ţemporţl hţţţţ por novenţţ díţţ;

IV.- Clţuţurţ definiţivţ;

V.- Arresto administrativo hasta por 36 horas.

Artículo 215.- La investigación de las infracciones administrativas se realizará por el Instituto de oficio o a petición de parte interesada.

Artículo 216.- En caso de que la naturaleza de la infracción administrativa no amerite visita de inspección, el Instituto deberá correr traslado al presunto infractor, con los elementos y pruebas que sustenten la presunta infracción, concediéndole un plazo de diez días para que manifieste lo que a su derecho convenga y presente las pruebas correspondientes.

Artículo 217.- Una vez concluido el plazo a que se refieren los artículos 209, fracción IX y 216 de esta Ley, el Instituto con base en el acta de inspección levantada, y en caso de no haberse requerido por la naturaleza de la infracción, con los elementos que obren en el expediente, y tomando en cuenta las manifestaciones y pruebas del interesado, dictará la resolución que corresponda.

Artículo 218.- En los casos de reincidencia se duplicarán las multas impuestas anteriormente, sin que su monto exceda del triple del máximo fijado en el artículo 214 de esta Ley, según el caso.

Se entiende por reincidencia, para los efectos de esta Ley y demás disposiciones derivadas de ella, cada una de las subsecuentes infracciones a un mismo precepto, cometidas dentro de los dos años siguientes a la fecha en que se emitió la resolución relativa a la infracción.

Artículo 219.- Las clausuras podrán imponerse en la resolución que resuelva la infracción además de la multa o sin que ésta se haya impuesto. Será procedente la clausura definitiva cuando el establecimiento haya sido clausurado temporalmente por dos veces y dentro del lapso de dos años, si dentro del mismo se reincide en la infracción, independientemente de que hubiere variado su domicilio.

Artículo 220. Para la determinación de las sanciones deberá tomarse en cuenta:

I. El cţrácţer inţencionţl de lţ ţcción u omiţión conţţiţuţivţ de lţ infrţcción;

II. Las condiciones económicas del infractor, y

III. La gravedad que la infracción implique en relación con el comercio de productos o la prestación de servicios, así como el perjuicio ocasionado a los directamente afectados

Cuando la acción u omisión constitutiva de infracción se haya realizado a sabiendas, se impondrá multa por el importe del doble de la multa impuesta a la conducta infractora.

Se entenderá que la acción u omisión se realizó a sabiendas, cuando el infractor conocía la existencia de los derechos del titular, a través de las leyendas a que se refieren los artículos 26, 131 y 229 de la Ley de la Propiedad Industrial y 17 de la Ley Federal del Derecho de Autor, de la Gaceta de la Propiedad Industrial, incluyendo las publicaciones en diarios de circulación nacional y las notificaciones con acuse de recibo.

Artículo 221.- Las sanciones establecidas en esta Ley y demás disposiciones derivadas de ella, se impondrán además de la indemnización que corresponda por daños y perjuicios a los afectados, en los términos de la legislación común y sin perjuicio de lo dispuesto en el artículo siguiente

Artículo 221 BIS.- La reparación del daño material o la indemnización de daños y perjuicios por la violación de los derechos que confiere esta Ley, en ningún caso será inferior al cuarenta por ciento del precio de venta al público de cada producto o la prestación de servicios que impliquen una violación de alguno o algunos de los derechos de propiedad industrial regulados en esta Ley.

Artículo 222.- Si del análisis del expediente formado con motivo de la investigación por infracción administrativa el Instituto advierte la realización de hechos que pudieran constituir alguno de los delitos previstos en esta Ley, así lo hará constar en la resolución que emita.

Capítulo III De los Delitos

Artículo 223.- Son delitos:

I. Reincidir en las conductas previstas en las fracciones II a XXII del artículo 213 de esta Ley, una vez que la primera sanción administrativa impuesta por esta razón haya quedado firme;

II. Falsificar, en forma dolosa y con fin de especulación comercial, marcas protegidas por esta Ley;

III. Producir, almacenar, transportar, introducir al país, distribuir o vender, en forma dolosa y con fin de especulación comercial, objetos que ostenten falsificaciones de marcas protegidas por esta Ley, así como aportar o proveer de cualquier forma, a sabiendas, materias primas o insumos destinados a la producción de objetos que ostenten falsificaciones de marcas protegidas por eṭṭṭ Ley;

IV. Revelar a un tercero un secreto industrial, que se conozca con motivo de su trabajo, puesto, cargo, desempeño de su profesión, relación de negocios o en virtud del otorgamiento de una licencia para su uso, sin consentimiento de la persona que guarde el secreto industrial, habiendo sido prevenido de su confidencialidad, con el propósito de obtener un beneficio económico para sí o para el tercero o con el fin de causar un perjuicio a la persona que guarde el ṭecreṭo;

V.- Apoderarse de un secreto industrial sin derecho y sin consentimiento de la persona que lo guarde o de su usuario autorizado, para usarlo o revelarlo a un tercero, con el propósito de obtener un beneficio económico para sí o para el tercero o con el fin de causar un perjuicio a la persona que guarde el secreto induṭṭriṭl o ṭ ṭu uṭuṭrio ṭuṭorizṭdo;

VI.- Usar la información contenida en un secreto industrial, que conozca por virtud de su trabajo, cargo o puesto, ejercicio de su profesión o relación de negocios, sin consentimiento de quien lo guarde o de su usuario autorizado, o que le haya sido revelado por un tercero, a sabiendas que éste no contaba para ello con el consentimiento de la persona que guarde el secreto industrial o su usuario autorizado, con el propósito de obtener un beneficio económico o con el fin de causar un perjuicio a la persona que guarde el secreto industrial o su usuario autorizado, y

VII.- Producir, almacenar, transportar, distribuir o vender productos de origen nacional que no cuenten con la certificación correspondiente conforme a la denominación de origen o indicación geográfica y la Norma Oficial Mexicana correspondiente, con el propósito de obtener un beneficio económico para sí o para un tercero.

Queda incluido en el supuesto anterior, realizar cualquier acto de despacho aduanero ante las autoridades competentes, para la introducción al país o salida del mismo.

No existirá responsabilidad penal cuando la Norma Oficial Mexicana correspondiente no se encuentre vigente o el respectivo organismo de evaluación de la conformidad no se encuentre acreditado, en términos de la legislación aplicable.

Los delitos previstos en este artículo se perseguirán por querella de parte ofendida.

Artículo 223 Bis. - Se impondrá de dos a seis años de prisión y multa de cien a diez mil Unidades de Medida y Actualización, al que venda a cualquier consumidor final en vías o en lugares públicos, en forma dolosa y con fin de especulación comercial, objetos que ostenten falsificaciones de marcas protegidas por esta Ley. Si la venta se realiza en establecimientos comerciales, o de manera organizada o permanente, se impondrán de tres a diez años de prisión y multa de dos mil a veinte mil Unidades de Medida y Actualización. Este delito se perseguirá de oficio.

Artículo 224.- Se impondrán de dos a seis años de prisión y multa por el importe de cien a diez mil Unidades de Medida y Actualización, a quien cometa alguno de los delitos que se señalan en las fracciones I, IV, V o VI del artículo 223 de esta Ley. En el caso de los delitos previstos en las fracciones II, III o VII del mismo artículo 223, se impondrán de tres a diez años de prisión y multa de dos mil a veinte mil Unidades de Medida y Actualización.

Artículo 225.- Para el ejercicio de la acción penal, en los supuestos previstos en las fracciones I y II del artículo 223, se requerirá que el Instituto emita un dictamen técnico en el que no se prejuzgará sobre las acciones civiles o penales que procedan.

Artículo 226.- Independientemente del ejercicio de la acción penal, el perjudicado por cualquiera de los delitos a que esta Ley se refiere podrá demandar del o de los autores de los mismos, la reparación y el pago de los daños y perjuicios sufridos con motivo de dichos delitos, en los términos previstos en el artículo 221 BIS de esta Ley.

Artículo 227.- Son competentes los tribunales de la Federación para conocer de los delitos a que se refiere este capítulo, así como de las controversias mercantiles y civiles y de las medidas precautorias que se susciten con motivo de la aplicación de esta Ley.

Cuando dichas controversias afecten sólo intereses particulares, podrán conocer de ellas a elección del actor, los tribunales del orden común, sin perjuicio de la facultad de los particulares de someterse al procedimiento de arbitraje.

Artículo 228.- En los procedimientos judiciales a que se refiere el artículo anterior, la autoridad judicial podrá adoptar las medidas previstas en esta Ley y en los tratados internacionales de los que México sea parte.

Artículo 229.- Para el ejercicio de las acciones civiles y penales derivadas de la violación de un derecho de propiedad industrial así como para la adopción de las medidas previstas en el artículo 199 Bis de esta Ley, será necesario que el titular del derecho haya aplicado a los productos, envases o embalajes de productos amparados por un derecho de propiedad industrial las indicaciones y leyendas a que se refieren los artículos 26, 131, 165 BIS 18 y 178 BIS 9 de esta Ley, o por algún otro medio haber manifestado o hecho del conocimiento público que los productos o servicios se encuentran protegidos por un derecho de propiedad industrial.

Este requisito no será exigible en los casos de infracciones administrativas que no impliquen una violación a un derecho de propiedad industrial."

Como se puede analizar esa norma jurídica protege a la propiedad industrial, especificando funciones administrativas; así como delitos industriales, en que pueden incurrir aquellos sujetos activos o justiciables que atenten contra la propiedad industrial, que es el bien jurídico protegido y tutelado por esta norma jurídica, así como a favor del autor o autores de estos bienes industriales."[34]

Como sabemos la Ley de la Propiedad Industrial es la norma jurídica que protege a todo lo referente y aplicable a la propiedad intelectual industrial aplicable a la informática jurídica en el territorio mexicano y a nivel internacional a efecto de que no sea materia de piratería, plagio u otro tipo penal que atente contra la propiedad inventiva y creativa de un propietario, que constituye su patrimonio y un atributo de su personalidad.

6.3.3. Código Civil y Mercantil.

En la vida real y profesional, se puede decir que el código civil, en este apartado nos sirve para celebrar ciertos contratos referentes a los programas y equipos de cómputo, el cual es una herramienta indispensable que servirá para la protección del derecho de autor.

Así, como al inventor de una parte tangible de un equipo de cómputo, que se rige por la Ley de la Propiedad Industrial.

El Código Civil, en lo referente a su parte que regula a los contratos, así como a sus elementos de existencia y los de validez, sirve de sustento para crear *contratos del derecho de autor*, para la protección del mismo, ante el Instituto Nacional del Derecho de Autor.

---

[34] Congreso de la Unión LXIV Legislatura. Ley de la Propiedad Industrial, Cámara de Diputados, México, 2020.

El Código Civil Federal. Protege a la propiedad privada, los derechos de la personalidad, los atributos de la personalidad, el patrimonio, los bienes y servicios, la propiedad intelectual e industrial de las personas, en sus más amplias dimensiones. Además, especifica aquellos daños y perjuicios que puede llegar a sufrir el autor o autores tanto en la propiedad intelectual como en la propiedad industrial, por constituir estos derechos personales y personalísimos de las personas.[35]

Conforme a la legislación civil, artículos 2108 y 2109, el <u>daño</u> implica pérdida o menoscabo sufrido en el patrimonio, por falta de cumplimientos de una obligación, y el <u>perjuicio</u> la privación de cualquier ganancia licita, que debiera haberse obtenido con el cumplimento de la obligación.

De los citados preceptos legales podemos decir. Jurídicamente, tanto el daño como el prejuicio, implican lesión al patrimonio como fue según la connotación que al término asigna Escriche en su diccionario de Legislación y Jurisprudencia: "Es el detrimento, perjuicio o menos cabo que se recibe por culpa de otro en la hacienda o la persona". En general todo daño puede causarse por dolo, por culpt o por ctto fortuito; importtndo mucho en cualquier evento, saber el modo para arreglar la responsabilidad que debe exigirse. Como es de verse, aun cuando la legislación civil define en dos preceptos al daño y el prejuicio, en realidad no existe entre los términos daño y prejuicio sino una diferencia de matiz, pero de otras formas, la parte de la pérdida o menoscabo tratándose del daño o la privación de cualquier ganancia licita, tratándose del prejuicio, de todas formas, éste y el daño repercuten en el patrimonio.

Además, esta norma jurídica prevé formas de reparar el daño causado a la víctima que haya sufrido un daño, al respecto el Código Civil Federal establece:

"**Artículo 1910.-** El que obrando ilícitamente o contra las buenas costumbres cause daño a otro, está obligado a repararlo, a menos que demuestre que el daño se produjo como consecuencia de culpa o negligencia inexcusable de la víctima.

---

[35] Juárez Pérez, Melecio Honorio. Curso de Derecho Civil, impartido en la Escuela Judicial del Consejo de la Judicatura y del Poder Judicial del Estado de Guerrero, México, febrero, marzo, abril y mayo de 2019 (curso de 60 Horas).

Artículo 1915.- La reparación del daño debe consistir a elección del ofendido en el restablecimiento de la situación anterior, cuando ello sea posible, o en el pago de daños y perjuicios.

Cuando el daño se cause a las personas y produzca la muerte, incapacidad total permanente, parcial permanente, total temporal o parcial temporal, el grado de la reparación se determinará atendiendo a lo dispuesto por la Ley Federal del Trabajo. Para calcular la indemnización que corresponda se tomará como base la Unidad de Medida y Actualización y se extenderá al número de unidades que para cada una de las incapacidades mencionadas señala la Ley Federal del Trabajo. En caso de muerte la indemnización corresponderá a los herederos de la víctima.

Los créditos por indemnización cuando la víctima fuere un asalariado son intransferibles y se cubrirán preferentemente en una sola exhibición, salvo convenio entre las partes.

Las anteriores disposiciones se observarán en el caso del artículo 2647 de este Código."

Los daños y prejuicios, son un tema complejo y demasiado extenso. La reparación del daño queda al arbitrio del ofendido en el restablecimiento de la citación anterior cuando ellos se posible, o en su defecto en el pago de daños y perjuicios... En el caso de muerte la indemnización corresponderá a los herederos de la víctima, interpretación literal que se deduce del artículo 1915 del código civil federal.

En materia mercantil la administración establece lo siguiente:

"**Artículo 88.-** En el contrato mercantil en que se fijare pena de indemnización contra el que no lo cumpliere, la parte perjudicada podrá exigir el cumplimiento del conṭrṭṭo o lṭ penṭ preṭcriṭṭ; pero uṭilizṭndo unṭ de eṭṭṭṭ dos acciones, quedará extinguida la otra."

La penda de indemnización derivada de los daños y prejuicios, se refiere al establecimiento de una pena convencional por retraso o mora. Es necesario precisar que la indemnización se da cuando una persona causa a otra un daño y es responsable de las consecuencias dañosas que la víctima ha sufrido, por ello la reparación del daño tiene primordialmente a colocar a la persona lesionada en la situación que disfrutaba antes de que se produjera el hecho lesivo. Así, cuando la reparación o la sustitución no son posibles, la obligación se cubre por medio del pago de una indemnización el numerario, con la que se satisface el daño material o moral causado a la víctima, ya no se trata entonces de restituir o reparar, sino de resarcir a través de una indemnización el numerario de con el que satisface el daño material o moral causado a la víctima. Ahora bien, por cuanto hace a la pena convencional, esta debe entenderse como la disposición que las partes pueden añadir al contrato, en virtud de la cual establece el pacto de cierta prestación como condena para caso de que la obligación no resulte satisfecha de la manera convenida. Los contratantes pueden convenir en cierta prestación como pena para el caso de que la obligación no se cumpla oportunamente o se cumpla de manera distinta a la prevenida como consecuencia de la facultad que tiene los contratantes para estipular en sus negocios jurídicos todas aquellas cláusulas que consideren convenientes con las limitaciones que de las mismas leyes derivan. Consecuentemente es válido sostener que en términos del artículo 88 del código de comercio, tratándose de una pena de indemnización "Pago de daños y perjuicios compensatorios", el autor no puede demandar el cumplimiento de la obligación junto con ella, ya que se presume que este tipo de indemnización es una cantidad superior que incluye la suerte principal, es válido el reclamo de ambas ya que, en este caso, la pena no sustituye a los daños en perjuicios compensatorios. Sino que cuantifica a los daños y perjuicios moratorios, por lo tanto, puede exigirse su pago juntamente con la ejecución de la obligación.[36]

El Código de Comercio, nos servirá en este apartado, para analizar diversos actos de comercio y su regulación en materia de comercio de programas y equipos de cómputo. Asimismo, regula al Comercio Electrónico, lo cual se puede realizar desde cualquier parte del mundo, pues basta con tener una computadora y tener acceso a internet y se puede realizar el comercio electrónico a nivel local, regional, nacional e internacional.

De lo expuesto, deducimos que tanto el Código Civil, así como el Código de Comercio tienen amplias coberturas para proteger y tutelar a los daños y perjuicios que pudieran sufrir el titular de los programas y equipos de cómputo.

---

[36] Poder Judicial de la Federación. Jurisprudencia de Registro número 172452, Li 1°, C 165C, Tribunales Colegiados de Circuito, Novena Época, Semanario Judicial de la Federación y su Gaceta, Tomo XXV, mayo de 2007, página 2121.

6.3.4. Código Penal Federal

El Código Penal Federal[37], regula y tipifica cada tipo penal, y por su magnitud de cada uno de ellos, y en la forma de ejecución de cada delito prevé diversas sanciones, que van desde una multa, extrañamiento, prevención de no ofender, pena privativa de libertad, reparación del daño, etcétera.

Por tanto, vale recordar la conceptualización del *derecho penal* "Rama del derecho público relativo a las penas y medidas de seguridad cuyo fin inmediato es la creación y conservación del orden social establecido".[38]

Al respecto el Código Penal Federal, protege el acceso no autorizado a los programas y equipos de cómputo, al respecto dispone.

"**Acceso ilícito a sistemas y equipos de informática**

Artículo 211 bis 1.- Al que sin autorización modifique, destruya o provoque pérdida de información contenida en sistemas o equipos de informática protegidos por algún mecanismo de seguridad, se le impondrán de seis meses a dos años de prisión y de cien a trescientos días multa.

Al que sin autorización conozca o copie información contenida en sistemas o equipos de informática protegidos por algún mecanismo de seguridad, se le impondrán de tres meses a un año de prisión y de cincuenta a ciento cincuenta días multa.

Artículo 211 bis 2.- Al que sin autorización modifique, destruya o provoque pérdida de información contenida en sistemas o equipos de informática del Estado, protegidos por algún mecanismo de seguridad, se le impondrán de uno a cuatro años de prisión y de doscientos a seiscientos días multa.

Al que sin autorización conozca o copie información contenida en sistemas o equipos de informática del Estado, protegidos por algún mecanismo de seguridad, se le impondrán de seis meses a dos años de prisión y de cien a trescientos días multa.

A quien sin autorización conozca, obtenga, copie o utilice información contenida en cualquier sistema, equipo o medio de almacenamiento informáticos de seguridad pública, protegido por algún medio de seguridad, se le impondrá pena de cuatro a diez años de prisión y multa de quinientos a mil

---

[37] Congreso de la Unión LXIV Legislatura. Código Penal Federal, Cámara de Diputados, México, 2020.

[38] Castellanos Tena, Fernando. Lineamientos Elementales del Derecho Penal Mexicano, Porrúa, México, 2004.

días de salario mínimo general vigente en el Distrito Federal. Si el responsable es o hubiera sido servidor público en una institución de seguridad pública, se impondrá, además, destitución e inhabilitación de cuatro a diez años para desempeñarse en otro empleo, puesto, cargo o comisión pública.

Las sanciones anteriores se duplicarán cuando la conducta obstruya, entorpezca, obstaculice, limite o imposibilite la procuración o impartición de justicia, o recaiga sobre los registros relacionados con un procedimiento penal resguardados por las autoridades competentes.

Artículo 211 bis 3.- Al que estando autorizado para acceder a sistemas y equipos de informática del Estado, indebidamente modifique, destruya o provoque pérdida de información que contengan, se le impondrán de dos a ocho años de prisión y de trescientos a novecientos días multa.

Al que estando autorizado para acceder a sistemas y equipos de informática del Estado, indebidamente copie información que contengan, se le impondrán de uno a cuatro años de prisión y de ciento cincuenta a cuatrocientos cincuenta días multa.

A quien estando autorizado para acceder a sistemas, equipos o medios de almacenamiento informáticos en materia de seguridad pública, indebidamente obtenga, copie o utilice información que contengan, se le impondrá pena de cuatro a diez años de prisión y multa de quinientos a mil días de salario mínimo general vigente en el Distrito Federal. Si el responsable es o hubiera sido servidor público en una institución de seguridad pública, se impondrá además, hasta una mitad más de la pena impuesta, destitución e inhabilitación por un plazo igual al de la pena resultante para desempeñarse en otro empleo, puesto, cargo o comisión pública.

Artículo 211 bis 4.- Al que sin autorización modifique, destruya o provoque pérdida de información contenida en sistemas o equipos de informática de las instituciones que integran el sistema financiero, protegidos por algún mecanismo de seguridad, se le impondrán de seis meses a cuatro años de prisión y de cien a seiscientos días multa.

Al que sin autorización conozca o copie información contenida en sistemas o equipos de informática de las instituciones que integran el sistema financiero, protegidos por algún mecanismo de seguridad, se le impondrán de tres meses a dos años de prisión y de cincuenta a trescientos días multa.

Artículo 211 bis 5.- Al que estando autorizado para acceder a sistemas y equipos de informática de las instituciones que integran el sistema financiero, indebidamente modifique, destruya o provoque pérdida de información que contengan, se le impondrán de seis meses a cuatro años de prisión y de cien a seiscientos días multa.

Al que estando autorizado para acceder a sistemas y equipos de informática de las instituciones que integran el sistema financiero, indebidamente copie información que contengan, se le impondrán de tres meses a dos años de prisión y de cincuenta a trescientos días multa.

Las penas previstas en este artículo se incrementarán en una mitad cuando las conductas sean cometidas por funcionarios o empleados de las instituciones que integran el sistema financiero.

Artículo 211 bis 6.- Para los efectos de los artículos 211 Bis 4 y 211 Bis 5 anteriores, se entiende por instituciones que integran el sistema financiero, las señaladas en el artículo 400 Bis de este Código.

Artículo 211 bis 7.- Las penas previstas en este capítulo se aumentarán hasta en una mitad cuando la información obtenida se utilice en provecho propio o ajeno."

Por otra parte, el **Código Nacional de Procedimientos Penales**, también protege al autor de un programa y equipo de cómputo, pues esta norma jurídica, en lo que nos interesa dispone:

"**Artículo 50. Acceso a las carpetas digitales**

Las partes siempre tendrán acceso al contenido de las carpetas digitales consistente en los registros de las audiencias y complementarios. Dichos registros también podrán ser consultados por terceros cuando dieren cuenta de actuaciones que fueren públicas, salvo que durante el proceso el Órgano jurisdiccional restrinja el acceso para evitar que se afecte su normal sustanciación, el principio de presunción de inocencia o los derechos a la privacidad o a la intimidad de las partes, o bien, se encuentre expresamente prohibido en la ley de la materia.

El Órgano jurisdiccional autorizará la expedición de copias de los contenidos de las carpetas digitales o de la parte de ellos que le fueren solicitados por las partes.

Artículo 51. Utilización de medios electrónicos

Durante todo el proceso penal, se podrán utilizar los medios electrónicos en todas las actuaciones para facilitar su operación, incluyendo el informe policiţl; ţţí como ţţmbién podrán inţţrumenţţr, pţrţ lţ preţenţţción de denuncias o querellas en línea que permitan su seguimiento.

La videoconferencia en tiempo real u otras formas de comunicación que se produzcan con nuevas tecnologías podrán ser utilizadas para la recepción y transmisión de medios de prueba y la realización de actos procesales, siempre y cuando se garantice previamente la identidad de los sujetos que intervengan en dicho acto."[39]

Tanto el Código Penal Federal como el Código Nacional de Procedimientos Penales que regulan a los delitos cibernéticos, y lo conceptualizan como aquella acción antijuridica que se realiza en el espacio digital o de internet ante el extendido uso y utilización del sistema de internet en las esferas económicas, cultura, industria , ciencia, educación, información, comunicación, TICs en su gran gama de extensión, entre otros, en relación con el creciente número de usuarios, la delincuencia se ha extendido a esta dimensión, por la información que se resguarda en internet, de ahí que los delincuentes han ampliado su campo de acción en la diversidad de delitos informáticos, que a diario van en aumento.

---

[39] Congreso de la Unión LXIV Legislatura. Código Nacional de Procedimientos Penales (parte aplicable a la informática), Cámara de Diputados, México, 2020.

Capítulo Siete

Medios electrónicos regulados

7.1. Documentos electrónicos

Para poder entender este tema, es necesario conceptualizar qué es un documento:
"El concepto de documento comprende todos los objetos que pueden ser llevados ante un juez y que sirven como prueba en un juicio pues representan un penţţmienţo o unţ inţención; en ello eţţribţ que no ţolo loţ mţnuţcriţoţ ţe consideran documentos."
Documento electrónico. Es aquel cuyo soporte material se da mediante la intervención de sistemas o dispositivos electrónicos, que pueden ser entendidos por el hombre a través de las señales digitales.

7.1.1. Valor probatorio y jurídico del documento electrónico

El documento electrónico es un documento cuyo soporte material es algún dispositivo electrónico o magnético, cuyo contenido esta codificado mediante algún tipo de código digital que pueda ser leído, interpretado, reproducido, visualizado, que también se puede extraer o no, mediante el auxilio de detectores magnetizados, o también mediante medios magnéticos sofisticados.
El valor probatorio de un documento electrónico, podemos decir que la legislación mexicana lo considera como "Un documento legal que se fija y ocupa, mediante evaluación y pruebas en un proceso jurisdiccional o legal que crea un Juez respecto a una causa a juzgar, son pruebas absolutas que ayudan a descubrir la verdad, aunque en muchos casos son adulteradas, ya que son fáciles de manipular el archivo electrónico donde están resguardados".[40]
Al respecto el Código Federal de Procedimientos Civiles, establece
"Articulo 210.-A. Se reconoce como prueba la información generada por comunicado que conste en medios electrónicos, ópticos, o en cualquier otra tecnología. Para valorar la parte probatoria de la información a que se refiere

---

[40] Juárez Pérez, Melecio Honorio. Apuntes de la materia "Derecho y Legislación en Informática" – impartido en el Curso de Verano agosto y septiembre de 2019, de la Licenciatura en Informática, Universidad de la Sierra Sur, Oaxaca, México, 2019.

el párrafo anterior, se estimara primordialmente la fiabilidad del método en que haya sido generado, comunicada, recibida o archivada y, en su caso, si es posible atribuir a las personas obligadas el contenido de la información relativa y ser accesible para su ulterior consulta.

Cuando la ley requiera que un documento sea conservado y presentado en su forma original ese requisito quedara satisfecho si se acredita que la información generada, comunicada, recibida o archivada por medios electrónicos ópticos o de cualquier otra tecnología, se ha mantenido integra e inalterada a partir del momento en que se generó por primera vez en su forma definitiva y ésta pueda ser accesible para su ulterior consulta".[41]

Un documento electrónico tiene el mismo valor de un documento privado y, en consecuencia, su valor probatorio consiste en que tiene un contenido que consta en un soporte o continente, y concurre en él, los requisitos de escrituración y firma, con ciertas particularidades: el soporte es computacional, usa medios de escrituración tecnológica o lenguajes de maquina binarios y es atribuible a quien lo imita y digite las claves, llaves, o códigos magnéticos (que son más seguros que las firmas manuscritas).

Por lo tanto, el documento electrónico es considerado a aquellos datos o informaciones que tienen relevancia jurídica, los cuales son transmitidos o registrados por vía electrónica, de datos o por medios de simples soportes de sonidos, especialmente a través del procesamiento digital.[42]

Por otra parte, el Código Civil Federal dispone:

"**Artículo 1803.-** El consentimiento puede ser expreso o tácito, para ello se estará a lo siguiente:

I.- Será expreso cuando la voluntad se manifiesta verbalmente, por escrito, <u>por medios electrónicos, ópticos o por cualquier otra tecnología</u>, o por signos inequívocos, y

II.- El tácito resultará de hechos o de actos que lo presupongan o que autoricen a presumirlo, excepto en los casos en que por ley o por convenio la voluntad deba manifestarse expresamente."[43]

---

[41] Congreso de la Unión LXIV Legislatura. Código Federal de Procedimientos Civiles, Cámara de Diputados, México, 2020.

[42] Universidad Nacional Autónoma de México. Cuadernos de la UNAM, Unidad de Apoyo para el Aprendizaje, IIJ-UNAM, México, 2017.

[43] Congreso de la Unión LXIV Legislatura. Código Civil Federal, (consentimiento expreso de documento electrónico), Cámara de Diputados, México, 2020.

Por otra parte, el Código Federal de Procedimientos Civiles, establece entre otras cosas, dentro de los medios probatorios, lo siguiente:

"… La información generada o comunicada que consten en medios electrónicos, ópticos o en cualquier otra tecnología. Para valorar la fuerza probatoria de la información a que se refiere este artículo, se estimara primordialmente la fiabilidad del método en que haya sido generada, comunicada, recibida o archivada, o como en su caso, si es posible atribuir a las personas obligadas el contenido de la información relativa y ser accesible para su ulterior consulta.

Cuando la ley requiera que un documento sea conservado y presentado en su forma original, este requisito quedara satisfecho si se acredita que la información generada, comunicada, recibida o archivada por medios electrónicos, ópticos o de cualquier otra tecnología, se ha mantenido integra e inalterada, a partir del momento en que se generó por primera vez en su forma definitiva y pueda ser accesible para su ulterior consulta."[44]

Por lo que podemos decir que el documento electrónico es aceptado en el derecho positivo mexicano sin problema, y no necesita ser previamente valorado por un perito para determinar si puede presentarse en juicio, toda vez que cuenta con un valor probatorio suficiente al igual que cualquier otro documento privado.

Hoy en día, dentro de los documentos electrónicos más utilizados tenemos a los siguientes:

La factura electrónica. Originalmente la factura documentaba una transacción económica de carácter mercantil entre un comprador y un vendedor con la finalidad de servir el medio de prueba y poder hacer exigibles las obligaciones de entrega de las mercancías y el pago de las mismas, así como otros deberes accesorios como el pago de intereses accesorios. Su característica mecánica y valor se recogieron en los códigos de comercio a efecto de estandarizar su uso.

La información que preveían esos documentos al integrarse a la contabilidad, dio la pauta para que las autoridades hacendarias reconocieran su utilidad; en primer lugar, para que los comerciantes realizaran el cálculo de sus impuestos y, en segundo, para que las autoridades llevaran a cabo sus labores de fiscalización.

---

[44] Congreso de la Unión LXIV Legislatura. Código Federal de Procedimientos Civiles, (análisis de documento electrónico), Cámara de Diputados, México, 2020.

Actualmente la **factura electrónica** es un documento que se emite a distancia, vía la internet; comprueba la prestación de una operación no solo de tipo mercantil, sino toda aquella de tipo económico (como el pago de salarios, la retención de contribuciones, la propiedad de mercancías), entre dos personas la factura sirve para documentar el evento económico e incorporarlo a la contabilidad de cada parte y para los efectos fiscales de cada uno de ellos, además, sirve ante la autoridad fiscal, como lo es el pago de contribuciones.

En México se permite que la Secretaria de Hacienda y Crédito Público y el Código Fiscal Federal, permiten elaborar de forma electrónica facturas de pago y cobro, que los ciudadanos emiten para integrar parte de su contabilidad, de manera rápida y con menos papeleo.

Esto lo hacen los comerciantes para tener base de datos electrónicos y baratos, a efecto de evitar papeles acumulados y de revisión lenta.

La factura facilita la reducción de tiempo en su elaboración y pago, permitiendo agilizar el comercio electrónico, con apoyo del artículo 29 del Código Fiscal de la Federación.

Al respecto dicho precepto legal establece:

"**Artículo 29.** Cuando las leyes fiscales establezcan la obligación de expedir comprobantes fiscales por los actos o actividades que realicen, por los ingresos que se perciban o por las retenciones de contribuciones que efectúen, los contribuyentes deberán emitirlos mediante documentos digitales a través de la página de Internet del Servicio de Administración Tributaria. Las personas que adquieran bienes, disfruten de su uso o goce temporal, reciban servicios o aquéllas a las que les hubieren retenido contribuciones deberán solicitar el comprobante fiscal digital por Internet respectivo.

Los contribuyentes a que se refiere el párrafo anterior deberán cumplir con las obligaciones siguientes:

I. Contar con un certificado de firma electrónica avanzada vigente.

II. Tramitar ante el Servicio de Administración Tributaria el certificado para el uso de los sellos digitales.

Los contribuyentes podrán optar por el uso de uno o más certificados de sellos digitales que se utilizarán exclusivamente para la expedición de los comprobantes fiscales mediante documentos digitales. El sello digital permitirá acreditar la autoría de los comprobantes fiscales digitales por Internet que expidan las personas físicas y morales, el cual queda sujeto a la regulación aplicable al uso de la firma electrónica avanzada.

Los contribuyentes podrán tramitar la obtención de un certificado de sello digital para ser utilizado por todos sus establecimientos o locales, o bien, tramitar la obtención de un certificado de sello digital por cada uno de sus establecimientos. El Servicio de Administración Tributaria establecerá mediante reglas de carácter general los requisitos de control e identificación a que se sujetará el uso del sello digital de los contribuyentes.

La tramitación de un certificado de sello digital sólo podrá efectuarse mediante formato electrónico que cuente con la firma electrónica avanzada de la persona solicitante.

III. Cumplir los requisitos establecidos en el artículo 29-A de este Código.

IV. Remitir al Servicio de Administración Tributaria, antes de su expedición, el comprobante fiscal digital por Internet respectivo a través de los mecanismos digitales que para tal efecto determine dicho órgano desconcentrado mediante reglas de carácter general, con el objeto de que éste proceda a:

a) Validar el cumplimiento de los requisitos establecidos en el artículo 29-A de este Código.

b) Asignar el folio del comprobante fiscal digital.

c) Incorporar el sello digital del Servicio de Administración Tributaria.

El Servicio de Administración Tributaria podrá autorizar a proveedores de certificación de comprobantes fiscales digitales por Internet para que efectúen la validación, asignación de folio e incorporación del sello a que se refiere esta fracción.

Los proveedores de certificación de comprobantes fiscales digitales por Internet a que se refiere el párrafo anterior deberán estar previamente autorizados por el Servicio de Administración Tributaria y cumplir con los requisitos que al efecto establezca dicho órgano desconcentrado mediante reglas de carácter general.

El Servicio de Administración Tributaria podrá revocar las autorizaciones emitidas a los proveedores a que se refiere esta fracción, cuando incumplan con alguna de las obligaciones establecidas en este artículo, en la autorización respectiva o en las reglas de carácter general que les sean aplicables.

Para los efectos del segundo párrafo de esta fracción, el Servicio de Administración Tributaria podrá proporcionar la información necesaria a los proveedores autorizados de certificación de comprobantes fiscales digitales por Internet.

V. Una vez que al comprobante fiscal digital por Internet se le incorpore el sello digital del Servicio de Administración Tributaria o, en su caso, del proveedor de certificación de comprobantes fiscales digitales, deberán entregar o poner a disposición de sus clientes, a través de los medios electrónicos que disponga el citado órgano desconcentrado mediante reglas de carácter general, el archivo electrónico del comprobante fiscal digital por Internet y, cuando les sea solicitada por el cliente, su representación impresa, la cual únicamente presume la existencia de dicho comprobante fiscal.

VI. Cumplir con las especificaciones que en materia de informática determine el Servicio de Administración Tributaria mediante reglas de carácter general.

Los contribuyentes podrán comprobar la autenticidad de los comprobantes fiscales digitales por Internet que reciban consultando en la página de Internet del Servicio de Administración Tributaria si el número de folio que ampara el comprobante fiscal digital fue autorizado al emisor y si al momento de la emisión del comprobante fiscal digital, el certificado que ampare el sello digital se encontraba vigente y registrado en dicho órgano desconcentrado.

En el caso de las devoluciones, descuentos y bonificaciones a que se refiere el artículo 25 de la Ley del Impuesto sobre la Renta, se deberán expedir comprobantes fiscales digitales por Internet.

El Servicio de Administración Tributaria, mediante reglas de carácter general, podrá establecer facilidades administrativas para que los contribuyentes emitan sus comprobantes fiscales digitales por medios propios, a través de proveedores de servicios o con los medios electrónicos que en dichas reglas determine. De igual forma, a través de las citadas reglas podrá establecer las características de los comprobantes que servirán para amparar el transporte de mercancías, así como de los comprobantes que amparen operaciones realizadas con el público en general.

Tratándose de actos o actividades que tengan efectos fiscales en los que no haya obligación de emitir comprobante fiscal digital por Internet, el Servicio de Administración Tributaria podrá, mediante reglas de carácter general, establecer las características de los documentos digitales que amparen dichas operaciones."[45]

De acuerdo con el ordenamiento legal citado, para emitir una factura electrónica, el contribuyente debe acreditar los siguientes requisitos.

---

[45] Congreso de la Unión LXIV Legislatura. Código Fiscal de la Federación, (análisis de factura, su expedición y uso en la vida real), Cámara de Diputados, México, 2020.

A) contar con un certificado de firma electrónica vigente, la cual se regula a través de la Ley de Firma Electrónica Avanzada.

B) Tramitar ante el Servicio de Administración Tributaria (SAT) el certificado para uso de los sellos digitales.

El SAT lleva un registro fiscal exacto de cada empresa o persona que elabore pagos fiscales mensuales y anuales, sobre todo si llevan contabilidad con facturas electrónicas.

La **firma electrónica avanzada** (también conocida como **FIEL** o **e-firma**) que utiliza el SAT es un **mecanismo de autenticidad** que identifica a un sujeto cţuţivo fiţcţlmenţe; eţ perţonţl, únicţ, inţrţnţferible y cţducţ ţ loţ cinco años de su expedición.[46]

Toda factura electrónica debe ser firmada utilizando un **certificado de sello digital** o **CSD.** Este es un archivo electrónico con similar estructura a la de la firmţ elecţrónicţ; difiere en que ţe uţilizţ únicţmenţe pţrţ firmţr fţcţurţţ.

Las personas físicas que facturan mediante la aplicación que proporciona el Servicio de Administración Tributaria, pueden utilizar su e-firma, para certificar sus facturas electrónicas.

Ventajas de la factura electrónica:

A) incrementa la productividad.

B) Ahorro en costos administrativos y de oficina.

C) Reducción en tiempos operativos.

7.1.3. Contratos electrónicos

Sobre este tema, existe diversidad de criterios doctrinales, tal es el caso de los juristas José F. Marques y Luis Moisset Espanés, quienes consideran que el contrato electrónico, en sentido estricto, trata de aquellos contratos que se perfeccionan mediante un intercambio electrónicos de datos de ordenador a ordenador. Frente a esta noción, existe una amplia que incluye dentro de la categoría a todos aquellos contratos celebrados por medios electrónicos (aunque no sean ordenadores, como el fax, télex, teléfono).[47]

La anterior distinción es correcta ya que los medios electrónicos en general no se concretan a los ordenadores, ni equipos con almacenamiento de datos, sino

---

[46] Juárez Pérez, Melecio Honorio. Derecho Fiscal desde una Perspectiva Empresarial, EAE-Amazón, España, 2017.

[47] Ruiz, Silvia y F. Pedro. La Contratación Electrónica, Revista del Colegio de Abogados de Puerto Rico, Volumen 66, número 2 abril-junio, Puerto Rico, 2005, p. 157.

que comprende a todos aquellos elementos que incluye en su composición aspectos electrónicos, como es el caso del fax o el teléfono.

En la vida real cuando se utiliza el acto jurídico "Contrato electrónico" se hace en sentido estricto, o para indicar el acuerdo de voluntades que se concreta a través de equipos electrónicos que permiten el almacenamiento de datos y se encuentran conectados a una red de telecomunicaciones, hoy en día es el internet.

Por lo que podemos decir que el contrato electrónico es el que se realiza con equipos "De tratamiento y almacenamiento de datos, conectados a una red de telecomunicaciones". Desde una concepción legal podemos decir que el contrato electrónico es cualquier convenio que produce o transfiere derechos y obligaciones, celebrado por medios electrónicos (sea o no de tratamiento y almacenamiento de datos) cuando estos tienen, o pueden tener una incidencia sobre la población de la voluntad de los contratantes.

La legislación mexicana no logra distinguir con claridad los medios que pueden ser utilizados para perfeccionar un contrato electrónico, ya que de manera general se hace referencia a "Medios electrónicos, ópticos o cualquier otra tecnología, según lo expresa el artículo 1803 del Código Civil Federal".

Al respecto el citado artículo dispone:

"Artículo 1803.- El consentimiento puede ser expreso o tácito, para ello se estará a lo siguiente: I.- Será expreso cuando la voluntad se manifiesta verbalmente, por escrito, por medios electrónicos, ópticos o por cualquier otra tecnología, o por signos inequívocos, y

II.- El tácito resultará de hechos o de actos que lo presupongan o que autoricen a presumirlo, excepto en los casos en que por ley o por convenio la voluntad deba manifestarse expresamente."

Por otra parte, como cualquier otro contrato, esta figura jurídica del contrato electrónico, también debe reunir, por lo menos los requisitos de existencia que regula el artículo 1794 del Código Civil Federal, que dispone:

"Artículo 1794.- Para la existencia del contrato se requiere:

I. Consentimiento;

II. Objeto que pueda ser materia del contrato."

Asimismo, el Código de Comercio establece que en los contratos se pueden emplear medios electrónicos, ópticos o de cualquier otra tecnología. Lo cual es común, a través del comercio electrónico.

Al respecto el Código de Comercio, establece:

"Artículo 89.- Las disposiciones de este Título regirán en toda la República Mexicana en asuntos del orden comercial, sin perjuicio de lo dispuesto en los tratados internacionales de los que México sea parte.

Las actividades reguladas por este Título se someterán en su interpretación y aplicación a los principios de neutralidad tecnológica, autonomía de la voluntad, compatibilidad internacional y equivalencia funcional del Mensaje de Datos en relación con la información documentada en medios no electrónicos y de la Firma Electrónica en relación con la firma autógrafa.

En los actos de comercio y en la formación de los mismos podrán emplearse los medios electrónicos, ópticos o cualquier otra tecnología. Para efecto del presente Código, se deberán tomar en cuenta las siguientes definiciones:

Certificado: Todo Mensaje de Datos u otro registro que confirme el vínculo entre un Firmante y los datos de creación de Firma Electrónica.

Datos de Creación de Firma Electrónica: Son los datos únicos, como códigos o claves criptográficas privadas, que el Firmante genera de manera secreta y utiliza para crear su Firma Electrónica, a fin de lograr el vínculo entre dicha Firma Electrónica y el Firmante.

Destinatario: La persona designada por el Emisor para recibir el Mensaje de Datos, pero que no esté actuando a título de Intermediario con respecto a dicho Mensaje.

Digitalización: Migración de documentos impresos a mensaje de datos, de acuerdo con lo dispuesto en la norma oficial mexicana sobre digitalización y conservación de mensajes de datos que para tal efecto emita la Secretaría.

Emisor: Toda persona que, al tenor del Mensaje de Datos, haya actuado a nombre propio o en cuyo nombre se haya enviado o generado ese mensaje antes de ser archivado, si éste es el caso, pero que no haya actuado a título de Intermediario.

Firma Electrónica: Los datos en forma electrónica consignados en un Mensaje de Datos, o adjuntados o lógicamente asociados al mismo por cualquier tecnología, que son utilizados para identificar al Firmante en relación con el Mensaje de Datos e indicar que el Firmante aprueba la información contenida en el Mensaje de Datos, y que produce los mismos efectos jurídicos que la firma autógrafa, siendo admisible como prueba en juicio.

Firma Electrónica Avanzada o Fiable: Aquella Firma Electrónica que cumpla con los requisitos contemplados en las fracciones I a IV del artículo 97.

En aquellas disposiciones que se refieran a Firma Digital, se considerará a ésta como una especie de la Firma Electrónica.

Firmante: La persona que posee los datos de la creación de la firma y que actúa en nombre propio o de la persona a la que representa.

Intermediario: En relación con un determinado Mensaje de Datos, se entenderá toda persona que, actuando por cuenta de otra, envíe, reciba o archive dicho Mensaje o preste algún otro servicio con respecto a él.

Mensaje de Datos: La información generada, enviada, recibida o archivada por medios electrónicos, ópticos o cualquier otra tecnología.

Parte que Confía: La persona que, siendo o no el Destinatario, actúa sobre la base de un Certificado o de una Firma Electrónica.

Prestador de Servicios de Certificación: La persona o institución pública que preste servicios relacionados con firmas electrónicas, expide los certificados o presta servicios relacionados con la conservación de mensajes de datos, el sellado digital de tiempo y la digitalización de documentos impresos, en los términos que se establezca en la norma oficial mexicana sobre digitalización y conservación de mensajes de datos que para tal efecto emita la Secretaría.

Secretaría: Se entenderá la Secretaría de Economía.

Sello Digital de Tiempo: El registro que prueba que un dato existía antes de la fecha y hora de emisión del citado Sello, en los términos que se establezca en la norma oficial mexicana sobre digitalización y conservación de mensajes de datos que para tal efecto emita la Secretaría.

Sistema de Información: Se entenderá todo sistema utilizado para generar, enviar, recibir, archivar o procesar de alguna otra forma Mensajes de Datos.

Titular del Certificado: Se entenderá a la persona a cuyo favor fue expedido el Certificado."[48]

7.1.4. Aspectos legales del documento electrónico

Como hemos asentados, en líneas que precede que el documento electrónico es el conjunto de impulsos eléctricos que recae en un soporte de computadora y que permiten su traducción natural a través de una pantalla o una impresora.

Las características del documento electrónico son: inalterabilidad, uno de los principales obstáculos para otorgarles eficacia probatoria se plantea con relación al carácter permanente, pero es el caso que, si el documento

---

[48] Congreso de la Unión LXIV Legislatura. Código de Comercio, (análisis de comercio electrónico), Cámara de Diputados, México, 2020.

electrónico cuenta con un sistema de cifrado y de firma digital, dicho documento electrónico no podrá ser alterado. Al respecto, el artículo 89 del Código de Comercio en materia de firma electrónica, señala que debe tenerse por datos de creación de firma electrónica, son los datos únicos, como código o claves criptográficas privadas, que el firmante genera de manera secreta y utiliza para crear su firma electrónica, a fin de lograr el vínculo entre dicha firma electrónica y el firmante.

Por otra parte, el citado precepto legal conceptualiza a la firma electrónica avanzada confiable, al expresar que es aquella firma electrónica que cumpla con los requisitos contemplados en las fracciones I-IV del artículo 97 del Código de Comercio en materia de firma electrónica.

De las características del documento electrónico, dentro de estos la autenticidad, como dice el jurista mexicano, Julio Téllez Valdés, está íntimamente vinculada a la inalterabilidad.

La durabilidad es otra característica ya que contrariamente al papel que se deteriora con el uso, polvo y tiempo, tratándose de un documento electrónico no habría ese problema y en tanto que se puede obtener una reproducción que como se ha dicho no puede ser alterada.

El otro elemento es seguridad lo cual se configura con el desarrollo de las claves de cifrado y otras medidas criptográficas, de ahí que, el documento electrónico es seguro.

Por su parte, el Código Civil Federal, dispone.

"ARTICULO 210-A.- Se reconoce como prueba la información generada o comunicada que conste en medios electrónicos, ópticos o en cualquier otra tecnología.

Para valorar la fuerza probatoria de la información a que se refiere el párrafo anterior, se estimará primordialmente la fiabilidad del método en que haya sido generada, comunicada, recibida o archivada y, en su caso, si es posible atribuir a las personas obligadas el contenido de la información relativa y ser accesible para su ulterior consulta.

Cuando la ley requiera que un documento sea conservado y presentado en su forma original, ese requisito quedará satisfecho si se acredita que la información generada, comunicada, recibida o archivada por medios electrónicos, ópticos o de cualquier otra tecnología, se ha mantenido íntegra e inalterada a partir del momento en que se generó por primera vez en su forma definitiva y ésta pueda ser accesible para su ulterior consulta."

Como se analiza es diferente la valoración que se suscita en documentos electrónicos sin firma digital pues consideramos que tendrán la calidad de indicios y que deberán ser adminiculados con otros medios de prueba, que tipos de documentos podían ser estos, copias de un e-mail, alguna página de internet, etcétera.

El juez también deberá de apoyarse en caso de ser necesario por peritos en la materia esto es el inicio de esta nueva etapa. Que nos tocara vivir, es un enorme salto en la valoración de las pruebas que ya no tienen vuelta atrás, por lo que los abogados, autoridades y jueces tienen la obligación de avanzar al respecto y dejar de ver hacia el pasado, adentrándose a la nueva era preparándonos para ello mediante el estudio con uso de las TICs.

7.2. Firma electrónica y su legislación

Como sabemos en materia de informática la firma electrónica se encuentra conformada por datos personales del firmante y un complemento numérico que asigna una entidad administrativa haciéndola de esta manera única. El signatario o firmante no debe revelar su clave de encriptación o llave.

En México a partir del 29 de agosto del año 2000, debido a las reformas legislativas del 29 de mayo del año 2000, la denominación de "firma electrónica" no incluían en su lugar el mensaje de datos encerraba la expresión de la voluntad suscrita por medios electrónicos.[49]

Derivado de la comisión de la reforma al Código Civil Federal. La Comisión de las Naciones Unidas para el Derecho Mercantil e internacional sobre Firma Electrónica (aprobada el 12 de diciembre del 2001)[50]. Planteo como uno de sus objetivos el establecer normas básicas para la armonía jurídica y la interoperabilidad técnica para mejorar el entendimiento de las firmas electrónicas, que conlleven, a la seguridad de que puede confiarse en determinadas técnicas de creación de firma electrónica en operaciones de importancia jurídica.

A nivel internacional, los países que han legislado en materia de "Firma electrónica", lo consideran igual que la firma manuscrita:

---

[49] Congresos de la Unión. Reformas del 29 de mayo de 2000 que entraron en vigor el 29 de agosto del 2000. Reformas al Código Civil Federal, Código Federal de Procedimientos Civiles, Código de Comercio y Ley Federal de Protección al Consumidor. Cámara de diputados, México. 2000.
[50] Organización de las Naciones Unidas. La firma Electrónica en Derecho Mercantil de las Naciones Unidas, y Derecho Mercantil Internacional, 2001.

A) Identificación de una persona.

B) Prueba que una persona estuvo activamente involucrada en el acto de una firma.

C) asociar a una persona con el contenido documento.

D) Probar que una persona es autora de un texto.

E) Probar que una persona intento asociarse con el contenido de un documento escrito por alguien más.

F) Probar que una persona estuvo en un lugar en particular en un tiempo determinado.

La legislación Mexicana, opto por las recomendaciones emitidas por la Comisión de las Naciones Unidas para el Derecho Mercantil Internacional; y así tenemos la distinción entre firma electrónica y firma electrónica avanzada, además de señalar que la firma digital es una especie de la firma electrónica tal y como se señaló, en las vigente legislaciones Mexicanas que son el Código de Comercio, El Código Civil Federal, El Código Federal de Procedimientos Civiles y la Ley Federal de Protección al Consumidor. Al respecto las referidas normas jurídicas establecen:

Código de Comercio:

"Artículo 89.- Las disposiciones de este Título regirán en toda la República Mexicana en asuntos del orden comercial, sin perjuicio de lo dispuesto en los tratados internacionales de los que México sea parte.

Las actividades reguladas por este Título se someterán en su interpretación y aplicación a los principios de neutralidad tecnológica, autonomía de la voluntad, compatibilidad internacional y equivalencia funcional del Mensaje de Datos en relación con la información documentada en medios no electrónicos y de la Firma Electrónica en relación con la firma autógrafa.

En los actos de comercio y en la formación de los mismos podrán emplearse los medios electrónicos, ópticos o cualquier otra tecnología. Para efecto del presente Código, se deberán tomar en cuenta las siguientes definiciones:

Certificado: Todo Mensaje de Datos u otro registro que confirme el vínculo entre un Firmante y los datos de creación de Firma Electrónica.

Datos de Creación de Firma Electrónica: Son los datos únicos, como códigos o claves criptográficas privadas, que el Firmante genera de manera secreta y utiliza para crear su Firma Electrónica, a fin de lograr el vínculo entre dicha Firma Electrónica y el Firmante.

Destinatario: La persona designada por el Emisor para recibir el Mensaje de Datos, pero que no esté actuando a título de Intermediario con respecto a dicho Mensaje.

Digitalización: Migración de documentos impresos a mensaje de datos, de acuerdo con lo dispuesto en la norma oficial mexicana sobre digitalización y conservación de mensajes de datos que para tal efecto emita la Secretaría.

Emisor: Toda persona que, al tenor del Mensaje de Datos, haya actuado a nombre propio o en cuyo nombre se haya enviado o generado ese mensaje antes de ser archivado, si éste es el caso, pero que no haya actuado a título de Intermediario.

Firma Electrónica: Los datos en forma electrónica consignados en un Mensaje de Datos, o adjuntados o lógicamente asociados al mismo por cualquier tecnología, que son utilizados para identificar al Firmante en relación con el Mensaje de Datos e indicar que el Firmante aprueba la información contenida en el Mensaje de Datos, y que produce los mismos efectos jurídicos que la firma autógrafa, siendo admisible como prueba en juicio.

Firma Electrónica Avanzada o Fiable: Aquella Firma Electrónica que cumpla con los requisitos contemplados en las fracciones I a IV del artículo 97.

En aquellas disposiciones que se refieran a Firma Digital, se considerará a ésta como una especie de la Firma Electrónica.

Firmante: La persona que posee los datos de la creación de la firma y que actúa en nombre propio o de la persona a la que representa.

Intermediario: En relación con un determinado Mensaje de Datos, se entenderá toda persona que, actuando por cuenta de otra, envíe, reciba o archive dicho Mensaje o preste algún otro servicio con respecto a él.

Mensaje de Datos: La información generada, enviada, recibida o archivada por medios electrónicos, ópticos o cualquier otra tecnología.

Parte que Confía: La persona que, siendo o no el Destinatario, actúa sobre la base de un Certificado o de una Firma Electrónica.

Prestador de Servicios de Certificación: La persona o institución pública que preste servicios relacionados con firmas electrónicas, expide los certificados o presta servicios relacionados como la conservación de mensajes de datos, el sellado digital de tiempo y la digitalización de documentos impresos, en los términos que se establezca en la norma oficial mexicana sobre digitalización y conservación de mensajes de datos que para tal efecto emita la Secretaría.

Secretaría: Se entenderá la Secretaría de Economía.

Sello Digital de Tiempo: El registro que prueba que un dato existía antes de la fecha y hora de emisión del citado Sello, en los términos que se establezca en la norma oficial mexicana sobre digitalización y conservación de mensajes de datos que para tal efecto emita la Secretaría.

Sistema de Información: Se entenderá todo sistema utilizado para generar, enviar, recibir, archivar o procesar de alguna otra forma Mensajes de Datos.

Titular del Certificado: Se entenderá a la persona a cuyo favor fue expedido el Certificado.

Artículo 97.- Cuando la ley requiera o las partes acuerden la existencia de una Firma en relación con un Mensaje de Datos, se entenderá satisfecho dicho requerimiento si se utiliza una Firma Electrónica que resulte apropiada para los fines para los cuales se generó o comunicó ese Mensaje de Datos.

La Firma Electrónica se considerará Avanzada o Fiable si cumple por lo menos los siguientes requisitos:

I. Los Datos de Creación de la Firma, en el contexto en que son utilizados, correţponden excluţivţmenţe ţl Firmţnţe;

II. Los Datos de Creación de la Firma estaban, en el momento de la firma, bţjo el conţrol excluţivo del Firmţnţe;

III. Es posible detectar cualquier alteración de la Firma Electrónica hecha después del momento de la firma, y

IV. Respecto a la integridad de la información de un Mensaje de Datos, es posible detectar cualquier alteración de ésta hecha después del momento de la firma.

Lo dispuesto en el presente artículo se entenderá sin perjuicio de la posibilidad de que cualquier persona demuestre de cualquier otra manera la fiabilidad de unţ Firmţ Elecţrónicţ; o preţenţe pruebţţ de que unţ Firmţ Elecţrónicţ no eţ fiable.

Artículo 114.- Para determinar si un Certificado o una Firma Electrónica extranjeros producen efectos jurídicos, o en qué medida los producen, no se tomará en consideración cualquiera de los siguientes supuestos:

I. El lugar en que se haya expedido el Certificado o en que se haya creado o utilizado la Firma Electrónica, y

II. El lugar en que se encuentre el establecimiento del Prestador de Servicios de Certificación o del Firmante.

Todo Certificado expedido fuera de la República Mexicana producirá los mismos efectos jurídicos en la misma que un Certificado expedido en la

República Mexicana si presenta un grado de fiabilidad equivalente a los contemplados por este Título.

Toda Firma Electrónica creada o utilizada fuera de la República Mexicana producirá los mismos efectos jurídicos en la misma que una Firma Electrónica creada o utilizada en la República Mexicana si presenta un grado de fiabilidad equivalente.

A efectos de determinar si un Certificado o una Firma Electrónica presentan un grado de fiabilidad equivalente para los fines de los dos párrafos anteriores, se tomarán en consideración las normas internacionales reconocidas por México y cualquier otro medio de convicción pertinente.

Cuando, sin perjuicio de lo dispuesto en los párrafos anteriores, las partes acuerden entre sí la utilización de determinados tipos de Firmas Electrónicas y Certificados, se reconocerá que ese acuerdo es suficiente a efectos del reconocimiento transfronterizo, salvo que ese acuerdo no sea válido o eficaz conforme al derecho aplicable."

La citada reforma se apegó al principio de "no repudio "al expresar el artículo 114 que para determinar si un Certificado o una Firma electrónica, Extranjera producen efectos jurídicos o en qué medida los produce, no serán tomados en consideración: el lugar en que se haya expedido el certificado o en que se haya creado o utilizado la firma electrónica; y el lugar en que se encuentre el establecimiento del prestador de Servicios de Certificador Prestador, o del Firmante.

Pues el citado precepto legal del Código de Comercio, reconoce los mismos efectos jurídicos a los certificados extranjeros siempre y cuando presenten un grado de fiabilidad equivalentes a los ya mencionados.

Código Civil Federal:

"Artículo 1803.- El consentimiento puede ser expreso o tácito, para ello se estará a lo siguiente:

I.- Será expreso cuando la voluntad se manifiesta verbalmente, por escrito, por medios electrónicos, ópticos o por cualquier otra tecnología, o por signos inequívocos, y

II.- El tácito resultará de hechos o de actos que lo presupongan o que autoricen a presumirlo, excepto en los casos en que por ley o por convenio la voluntad deba manifestarse expresamente.

Artículo 1834.- Cuando se exija la forma escrita para el contrato, los documentos relativos deben ser firmados por todas las personas a las cuales se imponga esa obligación.

Si alguna de ellas no puede o no sabe firmar, lo hará otra a su ruego y en el documento se imprimirá la huella digital del interesado que no firmó.

Artículo 1834 Bis.- Los supuestos previstos por el artículo anterior se tendrán por cumplidos mediante la utilización de medios electrónicos, ópticos o de cualquier otra tecnología, siempre que la información generada o comunicada en forma íntegra, a través de dichos medios sea atribuible a las personas obligadas y accesible para su ulterior consulta.

En los casos en que la ley establezca como requisito que un acto jurídico deba otorgarse en instrumento ante fedatario público, éste y las partes obligadas podrán generar, enviar, recibir, archivar o comunicar la información que contenga los términos exactos en que las partes han decidido obligarse, mediante la utilización de medios electrónicos, ópticos o de cualquier otra tecnología, en cuyo caso el fedatario público, deberá hacer constar en el propio instrumento los elementos a través de los cuales se atribuye dicha información a las partes y conservar bajo su resguardo una versión íntegra de la misma para su ulterior consulta, otorgando dicho instrumento de conformidad con la legislación aplicable que lo rige.".

Como se desprende de la Legislación Civil Federal la denominación "firma electrónica" no se contempló expresamente en materia civil, pero se reconoce como Expresión de la voluntad, a la emitida por medios electrónicos.

Código Federal de Procedimientos Civiles:

"Artículo 210-A.- Se reconoce como prueba la información generada o comunicada que conste en medios electrónicos, ópticos o en cualquier otra tecnología.

Para valorar la fuerza probatoria de la información a que se refiere el párrafo anterior, se estimará primordialmente la fiabilidad del método en que haya sido generada, comunicada, recibida o archivada y, en su caso, si es posible atribuir a las personas obligadas el contenido de la información relativa y ser accesible para su ulterior consulta.

Cuando la ley requiera que un documento sea conservado y presentado en su forma original, ese requisito quedará satisfecho si se acredita que la información generada, comunicada, recibida o archivada por medios electrónicos, ópticos o de cualquier otra tecnología, se ha mantenido íntegra e inalterada a partir del momento en que se generó por primera vez en su forma definitiva y ésta pueda ser accesible para su ulterior consulta."

Del citado precepto legal se desprende que se reconoce como medio de prueba fiable cuando venga de un medio de probidad, fiable y legalmente procedente.

Ley Federal de Protección del Consumidor:

Esta norma jurídica reconoce la revelación de consumo las transacciones efectuadas a través del uso de medios electrónicos, ópticos o de cualquier otra tecnología y la adecuada utilización de los datos aportados.

A partir de las reformas de las ya antes citadas normas jurídicas, México brinda un marco jurídico seguro a los particulares, sobre todo en materia de firma electrónica, ya que anteriormente solamente se encontraba protegidos aquellos actos jurídicos en que el gobierno era parte.

Precisamente a partir del 29 de agosto del año 2000, en que se originaron las reformas en materia de firma electrónica, todos los gobernados dentro de la república mexicana, sean estas personas físicas o morales, públicas o privadas, pueden utilizar su firma manuscrita u autógrafo, o en su defecto su firma electrónicț, țin ningún problemț; lo mițmo țconțece pț rț loț exțrț njeroț en México o para los Mexicanos hacia el extranjero o viceversa, como se sentó en las bases que hemos mencionado en este apartado, parámetros formales que se tomaron de la Comisión de las Naciones Unidas para el Derecho Mercantil Internacional.

México siguió avanzando en materia de "firma electrónica" y el pasado 11 de enero del 2012 entro en vigor en la República Mexicana la Ley de Firma Electrónica Avanzada[51], el cual establece en lo que nos interesa:

"Artículo 1. La presente Ley es de orden e interés público y tiene por objeto regular:

I. El uso de la firma electrónica avanzada en los actos previstos en esta Ley y lț expedición de cerțificț doț digițț leț ț perțonțț fíțicțț;

II. Los servicios relacionados con la firma electrónica avanzada, y

---

[51] Congreso de la Unión LXIV Legislatura. Ley de Firma Electrónica Avanzada (creada en 2012, Cámara de Diputados, México, 2020.

III. La homologación de la firma electrónica avanzada con las firmas electrónicas avanzadas reguladas por otros ordenamientos legales, en los términos establecidos en esta Ley.

Artículo 2. Para los efectos de la presente Ley se entenderá por:

I. Actos: las comunicaciones, trámites, servicios, actos jurídicos y administrativos, así como procedimientos administrativos en los cuales los particulares y los servidores públicos de las dependencias y entidades de la Administración Pública Federal, de la Procuraduría General de la República y de las unidades administrativas de la Presidencia de la República, utilicen la firmṭ elecṭrónicṭ ṭ vṭ nzṭ dṭ ;

II. Actuaciones Electrónicas: las notificaciones, citatorios, emplazamientos, requerimientos, solicitud de informes o documentos y, en su caso, las resoluciones administrativas definitivas que se emitan en los actos a que se refiere eṭ ṭṭ Ley que ṭ eṭ n comunicṭ dṭ ṭ por medioṭ elecṭrónicoṭ;

III. Acuse de Recibo Electrónico: el mensaje de datos que se emite o genera a través de medios de comunicación electrónica para acreditar de manera fehaciente la fecha y hora de recepción de documentos electrónicos relṭ cionṭ doṭ con loṭ ṭ cṭoṭ eṭ ṭṭ blecidoṭ por eṭ ṭṭ Ley;

IV. Autoridad Certificadora: las dependencias y entidades de la Administración Pública Federal y los prestadores de servicios de certificación que conforme a las disposiciones jurídicas, tengan reconocida esta calidad y cuenten con la infraestructura tecnológica para la emisión, administración y registro de certificados digitales, así como para proporcionar servicios relacionados con loṭ miṭ moṭ;

V. Certificado Digital: el mensaje de datos o registro que confirme el vínculo entre un firmṭ nṭe y lṭ clṭ ve privṭ dṭ ;

VI. Clave Privada: los datos que el firmante genera de manera secreta y utiliza para crear su firma electrónica avanzada, a fin de lograr el vínculo entre dicha firmṭ elecṭrónicṭ ṭ vṭ nzṭ dṭ y el firmṭ nṭe;

VII. Clave Pública: los datos contenidos en un certificado digital que permiten la verificación de la autenticidad de la firma electrónica avanzada del firmṭ nṭe;

VIII. Datos y elementos de identificación: aquéllos que se encuentran considerados como tales en la Ley General de Población y en las disposiciones que deriven de lṭ miṭ mṭ ;

IX. Dependencias: las secretarías de Estado, incluyendo a sus órganos administrativos desconcentrados y la Consejería Jurídica del Ejecutivo Federal, así como las unidades administrativas de la Presidencia de la República, conforme a lo dispuesto en la Ley Orgánica de la Administración Pública Federal. La Procuraduría General de la República será considerada con este carácter para efectos de los actos administrativos que realice en términoʂ de eʂ ʈʈ Ley;

X. Documento Electrónico: aquél que es generado, consultado, modificado o proceʂʈ do por medioʂ elecʈrónicoʂ;

XI. Dirección de Correo Electrónico: la dirección en Internet señalada por los servidores públicos y particulares para enviar y recibir mensajes de datos y documentos electrónicos relacionados con los actos a que se refiere la presente Ley, ʂ ʈrʂ véʂ de loʂ medioʂ de comunicʈ ción elecʈrónicʂ;

XII. Entidades: los organismos públicos descentralizados, empresas de participación estatal mayoritaria y fideicomisos públicos que en términos de la Ley Orgánica de la Administración Pública Federal y de la Ley Federal de las Entidades Paraestatales, sean considerados entidades de la Administración Públicʂ Federʈ l Pʂ rʂ eʂʈʈ ʈʈ l;

XIII. Firma Electrónica Avanzada: el conjunto de datos y caracteres que permite la identificación del firmante, que ha sido creada por medios electrónicos bajo su exclusivo control, de manera que está vinculada únicamente al mismo y a los datos a los que se refiere, lo que permite que sea detectable cualquier modificación ulterior de éstos, la cual produce los mismos efecʈoʂ jurídicoʂ que lʂ firmʂ ʂ uʂógrʂ fʂ;

XIV. Firmante: toda persona que utiliza su firma electrónica avanzada para ʂuʂcribir documenʈoʂ elecʈrónicoʂ y, en ʂu cʂ ʂo, menʂʈ jeʂ de dʂ ʈoʂ;

XV. Medios de Comunicación Electrónica: los dispositivos tecnológicos que permiten efectuar la transmisión y recepción de mensajes de datos y documenʈoʂ elecʈrónicoʂ;

XVI. Medios Electrónicos: los dispositivos tecnológicos para el procesamiento, impresión, despliegue, conservación y, en su caso, modificʂ ción de informʂ ción;

XVII. Mensaje de Datos: la información generada, enviada, recibida, archivada o comunicada a través de medios de comunicación electrónica, que puede conʈener documenʈoʂ elecʈrónicoʂ;

XVIII.   Página Web: el sitio en Internet que contiene información, ạplicạcioneṣ y, en ṣu cạṣo, vínculoṣ ạ oṭrạṣ páginạṣ;

XIX. Prestador de Servicios de Certificación: las instituciones públicas conforme a las leyes que les son aplicables, así como los notarios y corredores públicos y las personas morales de carácter privado que de acuerdo a lo establecido en el Código de Comercio sean reconocidas con tal carácter para prestar servicios relacionados con la firma electrónica avanzada y, en su caso, expedir ceṛtificạdoṣ digiṭạleṣ;

XX. Secreṭạríạ: lạ Secreṭạríạ de lạ Función Públicạ;

XXI. Servicios relacionados con la Firma Electrónica Avanzada: los servicios de firmado de documentos electrónicos, de verificación de la vigencia de certificados digitales, de verificación y validación de la unicidad de la clave pública, así como de consulta de certificados digitales revocados, entre otros, que en términos de las disposiciones jurídicas aplicables pueden ser proporcionạdoṣ por lạ ạuṭoridạd ceṛtificạdorạ;

XXII. Sistema de Trámites Electrónicos: el sitio desarrollado por la dependencia o entidad y contenido en su página Web, para el envío y recepción de documentos, notificaciones y comunicaciones, así como para la conṣulṭạ de informạción relạcionạdạ con loṣ ạcṭoṣ ạ que ṣe refiere eṣṭạ Ley;

XXIII. Sujetos Obligados: los servidores públicos y particulares que utilicen la firma electrónica avanzada, en términos de lo previsto en las fracciones II y III del artículo 3 de esta Ley, y

XXIV. Tablero Electrónico: el medio electrónico a través del cual se ponen a disposición de los particulares que utilicen la firma electrónica avanzada en términos de esta Ley, las actuaciones electrónicas que emitan las dependencias y entidades, y que genera un acuse de recibo electrónico. Este medio electrónico estará ubicado en el sistema de trámites electrónicos de las propias dependencias y entidades.

Artículo 3. Están sujetos a las disposiciones de la presente Ley:

I. Lạṣ dependenciạṣ y enṭidạdeṣ;

II. Los servidores públicos de las dependencias y entidades que en la realización de los actos a que se refiere esta Ley utilicen la firma electrónica avanzada, y

III. Los particulares, en los casos en que utilicen la firma electrónica avanzada en términos de esta Ley.

Artículo 4. Las disposiciones de esta Ley no serán aplicables a los actos en que no sea factible el uso de la firma electrónica avanzada por disposición de ley o aquéllos en que exista previo dictamen de la Secretaría. Tampoco serán aplicables a las materias fiscal, aduanera y financiera.

En los actos de comercio e inscripciones en el Registro Público de Comercio, el uso de la firma electrónica avanzada se regirá de conformidad con lo previsto en el Código de Comercio y demás ordenamientos aplicables en la materia, sin perjuicio de la aplicación de lo dispuesto en esta Ley en lo que resulte procedente.

Artículo 5. La Secretaría, en el ámbito de su competencia, estará facultada para interpretar las disposiciones de esta Ley para efectos administrativos.

La Secretaría, la Secretaría de Economía y el Servicio de Administración Tributaria dictarán, de manera conjunta, las disposiciones generales para el adecuado cumplimiento de esta Ley, mismas que deberán publicarse en el Diario Oficial de la Federación.

Artículo 6. A falta de disposición expresa en esta Ley o en las demás disposiciones que de ella deriven, se aplicarán supletoriamente la Ley Federal de Procedimiento Administrativo, el Código Civil Federal y el Código Federal de Procedimientos Civiles."

7.2.1. Conceptos y clases de firma

Las firmas electrónicas formas parte del proceso de transformación digital de todo el mundo y ofrecen muchos beneficios para las empresas, así como para los particulares.

En México, tenemos cuatro tipos diferentes de firma electrónica[52]:

a) Firma electrónica simple.

b) Firma electrónica avanzada.

c) Firma Digital.

d) Firma Biométrica.

El Código de Comercio en su artículo 89 define a la firma electrónica como "Los datos de forma electrónica consignado en un mensaje de datos, o adjuntados o lógicamente asociados al mismo por cualquier tecnología, que son utilizados para identificar al firmante en relación con el mensaje de datos e indicar que el firmante aprueba la información contenida en el mensaje de

---

[52] Juárez Pérez, Melecio Honorio. Apunte de la Materia Derecho y Legislación en Informática, impartido en Verano de 2019, Universidad de la Sierra Sur, Oaxaca, México, 2019.

datos y que produce los mismos efectos jurídicos que la firma autógrafa, siendo admisible como prueba en juicio".

La verificación de la identidad por un login y contraseña es un ejemplo de firmţ electrónicţ ţimple; unţ conţrţţeñţ digiţţl; un nombre o cuţlquier símbolo o letra, entre otros se reconoce como firma electrónica simple.

Firma electrónica avanzada.

El artículo 2 de la firma electrónica avanzada señala:

"Artículo 2. Para los efectos de la presente Ley se entenderá por:

I. Actos: las comunicaciones, trámites, servicios, actos jurídicos y administrativos, así como procedimientos administrativos en los cuales los particulares y los servidores públicos de las dependencias y entidades de la Administración Pública Federal, de la Procuraduría General de la República y de las unidades administrativas de la Presidencia de la República, utilicen la firmţ electrónicţ ţvţnzţdţ;

II. Actuaciones Electrónicas: las notificaciones, citatorios, emplazamientos, requerimientos, solicitud de informes o documentos y, en su caso, las resoluciones administrativas definitivas que se emitan en los actos a que se refiere esta Ley que sean comunicadas por medios electrónicoţ;

III. Acuse de Recibo Electrónico: el mensaje de datos que se emite o genera a través de medios de comunicación electrónica para acreditar de manera fehaciente la fecha y hora de recepción de documentos electrónicos relacionados con los actos eţţţblecidoţ por eţţţ Ley;0

IV. Autoridad Certificadora: las dependencias y entidades de la Administración Pública Federal y los prestadores de servicios de certificación que, conforme a las disposiciones jurídicas, tengan reconocida esta calidad y cuenten con la infraestructura tecnológica para la emisión, administración y registro de certificados digitales, así como para proporcionar servicios relţcionţdoţ con loţ miţmoţ;

V. Certificado Digital: el mensaje de datos o registro que confirme el vínculo entre un firmţnţe y lţ clţve privţdţ;

VI. Clave Privada: los datos que el firmante genera de manera secreta y utiliza para crear su firma electrónica avanzada, a fin de lograr el vínculo entre dicha firmţ electrónicţ ţvţnzţdţ y el firmţnţe;

VII. Clave Pública: los datos contenidos en un certificado digital que permiten la verificación de la autenticidad de la firma electrónica avanzada del firmţnţe;

VIII. Datos y elementos de identificación: aquéllos que se encuentran considerados como tales en la Ley General de Población y en las disposiciones que deriven de la misma;

IX. Dependencias: las secretarías de Estado, incluyendo a sus órganos administrativos desconcentrados y la Consejería Jurídica del Ejecutivo Federal, así como las unidades administrativas de la Presidencia de la República, conforme a lo dispuesto en la Ley Orgánica de la Administración Pública Federal. La Procuraduría General de la República será considerada con este carácter para efectos de los actos administrativos que realice en términos de esta Ley;

X. Documento Electrónico: aquél que es generado, consultado, modificado o procesado por medios electrónicos;

XI. Dirección de Correo Electrónico: la dirección en Internet señalada por los servidores públicos y particulares para enviar y recibir mensajes de datos y documentos electrónicos relacionados con los actos a que se refiere la presente Ley, a través de los medios de comunicación electrónica;

XII. Entidades: los organismos públicos descentralizados, empresas de participación estatal mayoritaria y fideicomisos públicos que en términos de la Ley Orgánica de la Administración Pública Federal y de la Ley Federal de las Entidades Paraestatales, sean considerados entidades de la Administración Pública Federal Paraestatal;

XIII. Firma Electrónica Avanzada: el conjunto de datos y caracteres que permite la identificación del firmante, que ha sido creada por medios electrónicos bajo su exclusivo control, de manera que está vinculada únicamente al mismo y a los datos a los que se refiere, lo que permite que sea detectable cualquier modificación ulterior de éstos, la cual produce los mismos efectos jurídicos que la firma autógrafa;

XIV. Firmante: toda persona que utiliza su firma electrónica avanzada para suscribir documentos electrónicos y, en su caso, mensajes de datos;

XV. Medios de Comunicación Electrónica: los dispositivos tecnológicos que permiten efectuar la transmisión y recepción de mensajes de datos y documentos electrónicos;

XVI. Medios Electrónicos: los dispositivos tecnológicos para el procesamiento, impresión, despliegue, conservación y, en su caso, modificación de información;

XVII. Mensaje de Datos: la información generada, enviada, recibida, archivada o comunicada a través de medios de comunicación electrónica, que puede contener documentos electrónicos;

XVIII. Página Web: el sitio en Internet que contiene información, aplicaciones y, en su caso, vínculos a otras páginas;

XIX. Prestador de Servicios de Certificación: las instituciones públicas conforme a las leyes que les son aplicables, así como los notarios y corredores públicos y las personas morales de carácter privado que de acuerdo a lo establecido en el Código de Comercio sean reconocidas con tal carácter para prestar servicios relacionados con la firma electrónica avanzada y, en su caso, expedir certificados digitales;

XX. Secretaría: la Secretaría de la Función Pública;

XXI. Servicios relacionados con la Firma Electrónica Avanzada: los servicios de firmado de documentos electrónicos, de verificación de la vigencia de certificados digitales, de verificación y validación de la unicidad de la clave pública, así como de consulta de certificados digitales revocados, entre otros, que en términos de las disposiciones jurídicas aplicables pueden ser proporcionados por la autoridad certificadora;

XXII. Sistema de Trámites Electrónicos: el sitio desarrollado por la dependencia o entidad y contenido en su página Web, para el envío y recepción de documentos, notificaciones y comunicaciones, así como para la consulta de información relacionada con los actos a que se refiere esta Ley;

XXIII. Sujetos Obligados: los servidores públicos y particulares que utilicen la firma electrónica avanzada, en términos de lo previsto en las fracciones II y III del artículo 3 de esta Ley, y

XXIV. Tablero Electrónico: el medio electrónico a través del cual se ponen a disposición de los particulares que utilicen la firma electrónica avanzada en términos de esta Ley, las actuaciones electrónicas que emitan las dependencias y entidades, y que genera un acuse de recibo electrónico. Este medio electrónico estará ubicado en el sistema de trámites electrónicos de las propias dependencias y entidades."

Del citado precepto legal podemos decir que la Firma Electrónica Avanzada es "el conjunto de datos y caracteres que permite la identificación del firmante que ha sido creada por medios electrónicos bajos su exclusivo control, de manera que está vinculada únicamente al mismo y a los datos a los que se refiera, lo que permite que sea detectable cualquier modificación ulterior de estos, lo cual produce los mismos efectos jurídicos que la firma autógrafa".

Firma Digital
El Código de Comercio no da una definición de lo que debe entenderse por firma digital únicamente menciona que en aquellas disposiciones que se refieran a firma digital, se consideraran a esta como una especie de firma electrónica y al encontrarse dicha edición dentro del marco de la firma electrónica avanzada, legalmente son lo mismo. En la doctrina se define "El conjunto de datos que de forma electrónica consignados en un mensaje de datos o adjuntados o lógicamente asociados al mismo, pueden ser utilizados para identificar al firmante, en relación con el mensaje de datos e indicar que aquel aprueba la información recogida en el mensaje de datos, utilizando tecnología digital".[53]

Firma Biométrica
Es la que se realiza de puño y letra del firmante en dispositivos electrónicos o digitales como lo son las tablets, Smartphones y que se utiliza como medio de identificación del firmante, pero que depende de otros parámetros de otra especie ya sea estos mecánicos, físicos o biológicos. En este método se puede incluir los métodos biométricos.
Legalmente tiene los efectos de una firma electrónica avanzada porque se pueden demostrar la fiabilidad de la misma, así como la atribución del firmante, y si se acompaña de una constancia de conservación del mensaje de datos, su integridad a lo largo del tiempo.

7.2.2. Elementos de la firma electrónica
Retomado de la doctrina de la escuela clásica del derecho civil, impulsado por Sabigny, en la que hace referencia que en todo acto jurídico debe haber elementos de existencia y de validez, en este apartado nos limitaremos a los elementos de existencia, los cuales son:
A) Consentimiento. Es el acuerdo de voluntades para crear o extinguir derechos y obligaciones. En este caso es la de un emisor y de un receptor.

---

[53] Juárez Pérez, Melecio Honorio. Apuntes de Derecho y Legislación en Informática, Licenciatura en Informática, Curso de Verano, Universidad de la Sierra Sur, Oaxaca, México, 2020.

Así tenemos que la firma electrónica representa una manifestación expresa de la voluntad que tiene por finalidad autorizar o asignar el contenido de un determinado negocio o acto jurídico, que constituyen un conjunto de signos inequívocos que dan certeza a un texto obligacional que se encuentra contenido en medios electrónicos, y lo cual le da certeza jurídica, trayendo como consecuencia la manifestación de la voluntad en una sustancia distinta al papel y como una suscripción virtual equivalente a la estampada en forma material en un documento tradicional. En términos de Código Civil Federal que establece en su artículo 1803, fracción I "La voluntad manifestada por medios electrónicos, ópticos o por cualquier otra tecnología o por signos inequívocos, constituye una forma de consentimiento expreso, entrando por tanto dentro de este robro la firma electrónica.

Sobre este punto se debe precisar que para el caso de la oferta se efectué a través de un medio electrónico, óptico o de cualquier otra tecnología, fin de plazo para aceptarla, en cuyo caso el autor de la oferta queda desligado si la aceptación no se hace inmediatamente, según se previene en la parte final del artículo 1805 del Código Civil Federal, se equipara a la oferta que se da como si ambas partes hubieran estado presentes.

B) Objeto. Es la cosa física objeto de la obligación la cual debe existir en la naturaleza, en el comercio, y ser determinada o determinable, y para el caso de la contratación informática no siempre se contrata una cosa aislada y definida individualmente, en la mayoría de casos el objeto de contrato está formado por una variedad de bienes tratándose de equipos y programas llegando a constituir incluso inmateriales como el software, trayendo complicaciones en la interpretación del contrato desde una visión jurídica. Los contratos informáticos hoy en día se distinguen por la falta de seguridad e incertidumbre jurídica para ello se les clasifica en dos grupos: la **primera** de ellas ante el objeto, según sus características especiales sobre las que pueden versar estos contratos, como es el caso de los software y hardware, y el **segundo** que se distingue por el tipo de negocio jurídico.

Una vez reunidos los elementos de existencia del acto jurídico, también debe reunir los requisitos de validez que le son necesarios para poder perfeccionarse y producir efectos jurídicos, los cuales, como es establecido el artículo 1795 del Código Civil Federal, que son: a) la capacidad, b) Licitud en el objeto,

Motivo o fin del acto, c) Ausencia de vicios de la voluntad, y d) La forma.[54] En el caso de los actos jurídicos celebrados a través de medios electrónicos, las generalidades, de los actos jurídicos, también en los contratos celebrados en forma electrónica, ya que, al encontrarse en espacios virtuales o electrónicos, si es susceptible de ser consultado y analizado en su forma original e integra. Como se realizó en un principio, sea atribuible a su iniciador y sea posible ser exhibido o representado a terceros, pues se debe de guardar en un documento electrónico o en un mensaje de datos.

7.2.3. Firma electrónica y firma digital

Podemos decir que la firma electrónica es "Datos en forma electrónica consignados en un mensaje de datos o adjuntados o lógicamente asociados al mismo, que puede ser utilizados para identificar o vincular al firmante en relación con el mensaje de datos, en forma equivalente a la firma manuscrita".
La firma electrónica contiene las siguientes características:
a) Identificación. Sirve para identificar quien es el autor del documento.
b) Declaración. Significa que el autor del documento acepta el contenido del miţmo (ţuţenţificţción); repreţenţţndo con eţţo lţ firmţ y lţ volunţţd de obligarse.
c) Probatoria. Permite comprobar si el autor de la firma es aquel que ha sido identificado como tal en el acto de la propia firma.
En algunos casos se puede distinguir dos tipos de firma electrónica que son legalmente validos según su encriptación:
I) Firma electrónica simple (FES). Se basa en el intercambio de claves (encriptación simétrica) y el principio jurídico de autonomía de la voluntad (el acuerdo entre las partes): nos garantiza confidencialidad (intercambio de clave) y autenticación (acuerdo entre las partes de atribución y responsabilidad de uso).
II) Firma electrónica avanzada o fiable (FEA). Es aquella información electrónica que se vincula a la identidad de la persona que la origina, asegurando su integridad (el contenido no puede ser alterado) y lo repudio (innegable autoría) y recepción del mensaje a través de uso de un par de claves (pública y privada) conocida como el intercambio de claves asimétricas.

---

[54] Juárez Pérez, Melecio Honorio. Curso de Derecho Civil, Posgrado Escuela Judicial del Poder Judicial y del Consejo de la Judicatura del Estado de Guerrero -Requisitos de Validez de los Contratos Civiles-.México, 2019.

En México mediante decreto de fecha 29 de abril del 2000, en el que se reformó y adicionaron disposiciones del Código Civil Federal, Código Federal de Procedimientos Civiles, Código de Comercio y La Ley Federal de Protección al Consumidor.

La reglamentación de la firma electrónica en México se encuentra contemplada en el Código de Comercio, en el capítulo segundo titulado "del comercio electrónico", regulado en los artículos del 89 al 114; de acuerdo con esa reglamentación, según el decreto publicado en el diario oficial de la federación, el 29 de agosto del 2003, el artículo 89 define a la firma electrónica en los siguientes términos "son los datos en forma electrónica consignados en un mensaje de datos, adjuntados o lógicamente asociados al mismo por cualquier tecnología, los cuales son utilizados para identificar al firmante en relación con el mensaje de datos, y es indicativa que el firmante aprueba la información contenida en dicho mensaje de datos y produce los mismos efectos jurídicos que la firma autógrafa, siendo admisible como prueba en juicio".

La firma digital es el resultado de aplicar un cierto algoritmo matemático al contenido de un documento y luego aplicar el algoritmo de firma en el que se emplea una clave privada, al resultado de la operación anterior, generando de este modo la firma del documento electrónico. El software de firma digital debe además efectuar varias validaciones, resaltan las siguientes:

A) Vigencia el certificado digital del firmante.

B) Revocación del certificado digital del firmante.

C) Inclusión de sello de tiempo.

En conclusión, podemos decir que la firma electrónica es un concepto amplio, en tanto que la firma digital es más específica. La firma digital hace referencia a una serie de métodos criptográficos; la firma electrónica es de naturaleza fundamentalmente legal, ya que confiere a la firma un marco normativo que le otorga su validez jurídica; la firma electrónica es un conjunto de datos electrónicos que acompaña o que están asociados a un documento electrónico y que cuyas funciones básicas son:

A) Identificar al firmante de manera inequívoca;

B) Asegurar la integridad del documento firmado, asegurando que el documento firmado es exactamente el mismo que el original y que no ha sufrido alteración o manipulación alguna en el tiempo;

C) Asegurar que el firmante no puede repudiar al firmado.

D) Constituye una prueba en un juicio.

7.2.4. La seguridad de la firma electrónica

Es un principio básico del derecho universal reconocido. Se basa en la convicción del derecho, tanto en el ámbito de su publicidad tanto como en el de su publicación.

Presenta la certeza de que lo permitido y prohibido por el poder legislativo se conoce, o puede conocerse por los ciudadanos afectados.

Fue creado en Europa, derivado de la Unión Europea, en el reglamento "UE" (No. 910-2014). Proporcionar seguridad jurídica a la *firma electrónica*[55] dentro del marco comunitario fue el principal objetivo del Parlamento Europeo cuando aprobó el mencionado reglamento, conocido como reglamento **Eldas.**

Construir una sólida normativa es un factor determinante para aumentar la confianza de los consumidores en las transacciones electrónicas que se realizan en la unión europea.

Además, fue la base jurídica de la firma electrónica, herramienta clave para el comercio digital y las operaciones diarias de la empresa. Lo que se conoce actualmente como comercio electrónico que hoy en día cualquier empresa formal puede realizar en cualquier parte del mundo, siempre que cumpla con los registros formales que se requieren para el comercio electrónico, de las empresas a que se dedican a actividades licitas, así también de las que pertenecen a los Estados parte de la Organización Mundial del Comercio (OMC).

Actualmente la Seguridad Jurídica en materia de informática la podemos conceptualizar como "Cualidad del ordenamiento que produce certeza y confianza en el ciudadano sobre lo que es derecho en cada momento y sobre lo que, previsiblemente lo será en el futuro".[56]

De ahí que, cuando hablamos de la Seguridad Jurídica de la firma electrónica nos referimos en consecuencia al conjunto normativo vigente que regula esta figura y ofrece seguridad a los sujetos.

---

[55] Unión Europea. La Seguridad de la Firma Electrónica, es un aporte y desarrollo tecnológico necesario que se incrustó por el Reglamento Eldas del Parlamento Europeo.

[56] Cada Norma Jurídica que regula la seguridad electrónica e informática, aunque en forma no tan clara prevén reglas de seguridad aplicables al objeto de seguridad prevista en cada norma, pero no debemos olvidar, que la seguridad es imprescindible ya que debe representar certeza y confianza en los usuarios.

De ahí que en puntos que antecede hemos hecho mención de las reformas y creación de normas jurídicas mexicanas, que regulan a la firma electrónica, como es el caso del Código Civil Federal, el Código Federal de Procedimientos Civiles, el Código de Comercio, la Ley Federal de Protección ţl Conţumidor; y lţ Ley Federţl de Firmţ Elecţrónicţ; lţ Ley Modelo que regula al Derecho Mercantil Internacional, los tratados internacionales en mţţeriţ de comercio; y el Reglţmenţo (UE 910-2014 del parlamento europeo).[57]

Este conjunto normativo permite a las personas conocer y entender cuáles son las normas a aplicar y las consecuencias jurídicas de sus acciones al realizar su firma electrónica.

Lo que hemos explicado a lo largo del presente capítulo, que forma parte integral del presenta trabajo de investigación, sustentado en fuentes formales, que constituyen toda gamma de legislaciones actuales y vigentes, así como de tratados internacionales, para explicar lo que es el objeto y finalidad y seguridad de la firma electrónica.

7.2.5. Tipos de firmas electrónicas

En la república mexicana contamos con 4 tipos de firmas electrónicas, las cuales son:

1) Firma Electrónica Simple. El artículo 89 del Código de Comercio define a la firma electrónica como: "Los datos en forma electrónica consignados en un mensaje de datos, o adjuntados o lógicamente asociados al mismo por cualquier tecnología, que son utilizados para identificar al firmante en relación con el mensaje de datos e identificar que el firmante aprueba la información contenida en el mensaje de datos y que produce los mismos efectos jurídicos que la firma autógrafa siendo admisible como prueba en juicio."
La firma electrónica simple se puede verificar su identidad por un "login y contraseña", conocidos también como "Usuario y contraseña".

2) Firma Electrónica Avanzada. El artículo 2 de la Ley de Firma Electrónica Avanzada, lo conceptualiza como: "El conjunto de datos y caracteres que permite la identificación del firmante, que ha sido creada por medios electrónicos bajo su exclusivo control, de manera que está vinculada

---

[57] Juárez Pérez, Melecio Honorio. Normas Jurídicas nacionales e internacionales que regulan a la Firma electrónica.

únicamente al mismo y a los datos a los que se refiere, lo que permite que sea detectable cualquier modificación ulterior de estos, lo cual produce los mismos efectos jurídicos que la firma autógrafa".

De acuerdo a esta norma jurídica, este tipo de firma requiere la emisión de un certificado digital emitido por un prestador de servicios de certificación.

Por otra parte, el artículo 97 del Código de Comercio, dispone que:

"**Artículo 97.-** Cuando la ley requiera o las partes acuerden la existencia de una Firma en relación con un Mensaje de Datos, se entenderá satisfecho dicho requerimiento si se utiliza una Firma Electrónica que resulte apropiada para los fines para los cuales se generó o comunicó ese Mensaje de Datos.

La Firma Electrónica se considerará Avanzada o Fiable si cumple por lo menos los siguientes requisitos:

I. Los Datos de Creación de la Firma, en el contexto en que son utilizados, correţponden excluţivţ menţe ţl Firmţ nţe;

II. Los Datos de Creación de la Firma estaban, en el momento de la firma, bţjo el conţrol excluţivo del Firmţ nţe;

III. Es posible detectar cualquier alteración de la Firma Electrónica hecha después del momento de la firma, y

IV. Respecto a la integridad de la información de un Mensaje de Datos, es posible detectar cualquier alteración de ésta hecha después del momento de la firma.

Lo dispuesto en el presente artículo se entenderá sin perjuicio de la posibilidad de que cualquier persona demuestre de cualquier otra manera la fiabilidad de unţ Firmţ Elecţrónicţ; o preţenţe pruebţ ţ de que unţ Firmţ Elecţrónicţ no eţ fiable."

3) Firma Digital. El Código de Comercio no proporciona una definición de la firma digital, únicamente menciona que en aquellas disposiciones que se refieren a firma digital, se considerara a ésta como una especie de la firma electrónica, y al encontrarse dicha definición dentro del marco de la firma electrónica avanzada, legalmente son lo mismo.

La doctrina define a la **firma digital** como "El conjunto de datos que en forma electrónica consignados en un mensaje de datos o adjuntados o lógicamente asociados al mismo pueden ser utilizados para identificar al firmante, en relación con el mensaje de datos e indicar que aquel aprueba la información recogida en el mensaje de datos, utilizando tecnología digital".

4) Firma Biométrica. Se puede conceptualizar como: "aquella que se realiza de puño y letra del firmante en dispositivos electrónicos o digitales como son tablets, Smartphones. PDA (Utilizado por empresas como Coca-cola, Bimbo, DHL, FedEx, Estafeta, entre otros) y que se utiliza como medio de identificación del firmante pero que depende de otros parámetros de otra especie ya sean éstos mecánicos, físicos, o biológicos. En este método se pueden incluir los métodos biométricos".

Legalmente tiene los mismos efectos de una firma electrónica avanzada porque se puede demostrar la fiabilidad de la misma, así como la atribución del firmante, y si se acompaña de una constancia de conservación del mensaje de datos, su integridad a lo largo del tiempo.

Con la firma electrónica se evita desplazamientos y envíos, se reducen costos y proporciona más seguridad para los documentos y tramites electrónicos. Las cuatro firmas electrónicas ofrecen beneficios y diferentes tipos de uso. Hoy en día para saber cuál es la que debe ser usada es importante evaluar las necesidades de la persona física o moral, así como el presupuesto para juntar sobre la decisión de elegir cuál de las cuatro citadas firmas electrónicas le conviene utilizar.

7.2.6. Aspectos legales de la firma electrónica

Como hemos dichos anteriormente, la firma electrónica fue utilizado a partir del año 2000 a la fecha, en las diferentes normas jurídicas que hemos citado en líneas que preceden.

Evolución de la firma electrónica en México.

A) El 16 de noviembre del 2001. Se público en el Diario Oficial de la Federación el Proyecto de Norma Oficial Mexicana. "PROY-NO151-SCFI-2001", en la que establece los requisitos que deben observarse para la conservación de mensajes de datos.

B) El 17 de enero de 2002. Se público con el Diario Oficial de la Federación el acuerdo por el que se establece las disposiciones que deberán observar las dependencias y los organismos descentralizados de la Administración Pública Federal... Medios de comunicación electrónica, así como para las notificaciones, citatorios, los emplazamientos, requerimientos, solicitudes de informes o documentos y las resoluciones administrativas definitivas, que se emitan por esa misma vía. En dicho acuerdo ya se contempló en los apartados decimocuarto y decimoséptimo que se otorgarán como previos efectos a los certificados electrónicos que sean emitidos por los notarios, que sean utilizados en los tramites electrónicos que se harán a través del Tramitanet, sistema electrónico de tramites.

C) El 29 de agosto de 2003. Se públicá el decreto de reforma y adición a diversas disposiciones del Código de Comercio en Materia de Firma Electrónica.

D) El 5 de enero de 2004. Se públicá el Código Fiscal de la Federación reformando en cuanto materia de medios electrónicos, incluyendo el capítulo segundo para su regulación. El uso de la firma electrónica avanzada (FEA), en 2004 fue optativo para los contribuyentes su uso. A partir del 2005 el uso de la FEA fuc obligatorio cn todo México.

Es importante destacar desde una visión jurídica que las transacciones a través de internet presenten autenticidad, integridad, confidencialidad y lo repudien como se explica:

i) Autenticidad. Corresponde al hecho de que la información sea enviada por la persona capacitada y autorizada para ello y recibida por la autoridad a quien se envía.

ii) Integridad. Se refiere a la información que se envía llegue a su destinatario completo sin la posibilidad de ser alterada en el transcurso.

iii) Confidencialidad. Asegura el secreto de las comunicaciones contenidas en los mensajes enviados.

iiii) No repudio. Hace referencia a que el emisor no puede negar la autoría del mensaje enviado.

El **Código Fiscal de la Federación** presenta excepciones para la aplicación de los medios electrónicos, al respecto establece:

"**Artículo 17-C**.- Tratándose de contribuciones administradas por organismos fiscales autónomos, las disposiciones de este Código en materia de medios electrónicos sólo serán aplicables cuando así lo establezca la ley de la materia."[58]

Lo cual se explica ya que el prestador de servicios de certificación debe ser autorizado por el Banco de México, y en la cual existen personas autorizadas por esto, y los cuales se pueden consultar en el Diario Oficial de la

---

[58] Congreso de la Unión LXIV Legislatura. Código Fiscal de la Federación, Cámara de Diputados, México, 2020.

Federțción; y țrțțándoțe de țțunțoț morțleț țe hțce ț țrțvéț del SAT. (Servicio de Administración Tributaria).

7.3. Servicios de certificación
7.3.1. Naturaleza jurídica de la certificación
Mediante decreto presidencial publicado en el Diario Oficial de la Federación el 11 de enero del año 2012, fue publicado y entro en vigor la "Ley de Firma Electrónica Avanzada", que en lo que nos interesa dispone:

"Artículo 2. Para los efectos de la presente Ley se entenderá por:

I. Actos: las comunicaciones, trámites, servicios, actos jurídicos y administrativos, así como procedimientos administrativos en los cuales los particulares y los servidores públicos de las dependencias y entidades de la Administración Pública Federal, de la Procuraduría General de la República (actualmente Fiscalía General de la República) y de las unidades administrativas de la Presidencia de la República, utilicen la firma electrónica ț vț nzț dț;

II. Actuaciones Electrónicas: las notificaciones, citatorios, emplazamientos, requerimientos, solicitud de informes o documentos y, en su caso, las resoluciones administrativas definitivas que se emitan en los actos a que se refiere ețțț Ley que țeț n comunicț dț ț por medioț elecțrónicoț;

III. Acuse de Recibo Electrónico: el mensaje de datos que se emite o genera a través de medios de comunicación electrónica para acreditar de manera fehaciente la fecha y hora de recepción de documentos electrónicos relț cionț doț con loț ț cțoț ețțț blecidoț por ețțț Ley;

IV. Autoridad Certificadora: las dependencias y entidades de la Administración Pública Federal y los prestadores de servicios de certificación que conforme a las disposiciones jurídicas, tengan reconocida esta calidad y cuenten con la infraestructura tecnológica para la emisión, administración y registro de certificados digitales, así como para proporcionar servicios relț cionț doț con loț mițmoț;

V. Certificado Digital: el mensaje de datos o registro que confirme el vínculo entre un firmț nțe y lț clț ve privț dț;

VI. Clave Privada: los datos que el firmante genera de manera secreta y utiliza para crear su firma electrónica avanzada, a fin de lograr el vínculo entre dicha firmț elecțrónicț ț vț nzț dț y el firmț nțe;

VII. Clave Pública: los datos contenidos en un certificado digital que permiten la verificación de la autenticidad de la firma electrónica avanzada del firmante;

VIII. Datos y elementos de identificación: aquéllos que se encuentran considerados como tales en la Ley General de Población y en las disposiciones que deriven de la misma;

IX. Dependencias: las secretarías de Estado, incluyendo a sus órganos administrativos desconcentrados y la Consejería Jurídica del Ejecutivo Federal, así como las unidades administrativas de la Presidencia de la República, conforme a lo dispuesto en la Ley Orgánica de la Administración Pública Federal. La Procuraduría General de la República será considerada con este carácter para efectos de los actos administrativos que realice en términos de esta Ley;

X. Documento Electrónico: aquél que es generado, consultado, modificado o procesado por medios electrónicos;

XI. Dirección de Correo Electrónico: la dirección en Internet señalada por los servidores públicos y particulares para enviar y recibir mensajes de datos y documentos electrónicos relacionados con los actos a que se refiere la presente Ley, a través de los medios de comunicación electrónica;

XII. Entidades: los organismos públicos descentralizados, empresas de participación estatal mayoritaria y fideicomisos públicos que en términos de la Ley Orgánica de la Administración Pública Federal y de la Ley Federal de las Entidades Paraestatales, sean considerados entidades de la Administración Pública Federal Paraestatal;

XIII. Firma Electrónica Avanzada: el conjunto de datos y caracteres que permite la identificación del firmante, que ha sido creada por medios electrónicos bajo su exclusivo control, de manera que está vinculada únicamente al mismo y a los datos a los que se refiere, lo que permite que sea detectable cualquier modificación ulterior de éstos, la cual produce los mismos efectos jurídicos que la firma autógrafa;

XIV. Firmante: toda persona que utiliza su firma electrónica avanzada para suscribir documentos electrónicos y, en su caso, mensajes de datos;

XV. Medios de Comunicación Electrónica: los dispositivos tecnológicos que permiten efectuar la transmisión y recepción de mensajes de datos y documentos electrónicos;

XVI. Medios Electrónicos: los dispositivos tecnológicos para el procesamiento, impresión, despliegue, conservación y, en su caso, modificț ción de informț ción;

XVII. Mensaje de Datos: la información generada, enviada, recibida, archivada o comunicada a través de medios de comunicación electrónica, que puede conțener documențoț elecțrónicoț;

XVIII.	Página Web: el sitio en Internet que contiene información, țplicțcioneț y, en țu cțțo, vínculoț ț oțrțț págințț;

XIX. Prestador de Servicios de Certificación: las instituciones públicas conforme a las leyes que les son aplicables, así como los notarios y corredores públicos y las personas morales de carácter privado que de acuerdo a lo establecido en el Código de Comercio sean reconocidas con tal carácter para prestar servicios relacionados con la firma electrónica avanzada y, en su caso, expedir cerțificț doț digițț leț;

XX. Secretaría: la Secrețț ríț de lț Función Públicț;

XXI. Servicios relacionados con la Firma Electrónica Avanzada: los servicios de firmado de documentos electrónicos, de verificación de la vigencia de certificados digitales, de verificación y validación de la unicidad de la clave pública, así como de consulta de certificados digitales revocados, entre otros, que en términos de las disposiciones jurídicas aplicables pueden ser proporcionț doț por lț țuțoridț d cerțificț dorț;

XXII. Sistema de Trámites Electrónicos: el sitio desarrollado por la dependencia o entidad y contenido en su página Web, para el envío y recepción de documentos, notificaciones y comunicaciones, así como para la conțulțț de informț ción relț cionț dț con loț țcțoț ț que țe refiere ețțț Ley;

XXIII. Sujetos Obligados: los servidores públicos y particulares que utilicen la firma electrónica avanzada, en términos de lo previsto en las fracciones II y III del artículo 3 de esta Ley, y

XXIV. Tablero Electrónico: el medio electrónico a través del cual se ponen a disposición de los particulares que utilicen la firma electrónica avanzada en términos de esta Ley, las actuaciones electrónicas que emitan las dependencias y entidades, y que genera un acuse de recibo electrónico. Este medio electrónico estará ubicado en el sistema de trámites electrónicos de las propias dependencias y entidades."

De lo que se desprende del citado precepto legal antes transcrito, podemos decir que "El certificado digital es un medio que garantiza la identidad de una persona en internet y es obligatorio para realizar trámites con la administración para los autónomos (personas físicas) y sociedades (personas morales) es fundamental contar con un certificado digital hoy en día, ya que instituciones gubernamentales como el SAT, obligan a todos los contribuyentes a contar con una firma digital o la firma electrónica avanzada. Lo mismo sucede en la gran diversidad de dependencias de gobierno en la república mexicana hoy en día."

Por lo que los gobernados en México, tenemos que estar a la vanguardia en cuanto al uso de firmas, con la que se da el consentimiento, en aquellos actos personales y jurídicos con el uso de las TICs, y que además exigen constantes reformas y actualizaciones en esta era de la tecnología.

7.3.2. La certificación digital

Es un documento digital que permite identificar a las personas en internet. Contiene datos identificativos que están autenticados por un organismo oficial. De ahí que, el certificado digital permite la firma electrónica de documentos de forma que se asegura la identidad de la persona.

Hoy en día el certificado digital es de gran utilidad y representa una ventaja, además de que nos sirve para ahorrar tiempo y dinero al permitir realizar trámites administrativos a través de internet, a cualquier hora y en cualquier lugar. Además, vamos a necesitarlo si queremos cumplir con nuestras obligaciones tributarias, ya que la mayoría de los formatos ya vienen en forma digital, dentro de esta tenemos en materia tributaria:

A) Presentación y liquidación de pagos provisionales y definitivos

B) Presentación de recursos y reclamaciones.

Para el Consejo Nacional de Población, de la Secretaría de Gobernación, y otras dependencias gubernamentales:

C) Cumplimiento de los datos del censo de población y vivienda.

D) Consulta e inscripción en el padrón municipal.

E) Consulta de multas de circulación.

F) Consulta de trámites para subvenciones.

G) Consulta de asignaciones electorales.

I) Firma electrónica de documentos y formularios oficiales.

J) Obtención de la curp.

K) Obtención de cédulas profesionales.

L) Cualquier servicio público con el que se quiera contar el gobernado en México y que se pueda extraer de los servicios Públicos.

7.3.3. Elementos del Certificación

En la vida practica y real, en los actos jurídicos que celebran las personas en México, se pueden identificar cuatro tipos del uso de firma digital, que son para: a) Personas físicas, b) Representantes de personas jurídicas que sean administradores únicos o solidarios, o cualquier otro nombramiento con facultades para uso de firma digital, c) Representantes de personas jurídicas, con facultades especiales, y d) Representantes de entidades sin personalidad jurídica (en este último caso los actos que realizan son nulos o carecen de validez).

Cada norma jurídica especifica los términos y condiciones que debe tener y reunir una persona para el uso de una firma electrónica digital, en México.

La ley de firma electrónica avanzada dispone que los elementos que debe de llevar la certificación digital son las que especifica en los siguientes ordenamientos:

Artículo 17[59]. El certificado digital deberá contener lo siguiente:

I. Número de serie;

II. Auţoridţd cerţificţdorţ que lo emiţió;

III. Algoriţmo de firmţ;

IV. Vigenciţ;

V. Nombre del ţiţulţr del cerţificţdo digiţţl;

VI. Dirección de correo elecţrónico del ţiţulţr del cerţificţdo digiţţl;

VII. Clave Única del Registro de Población (CURP) del titular del cerţificţdo digiţţl;

VIII. Clave pública, y

IX. Los demás requisitos que, en su caso, se establezcan en las disposiciones generales que se emitan en términos de esta Ley.

Artículo 18. Para obtener un certificado digital el interesado accederá a la página Web de la autoridad certificadora y llenará el formato de solicitud con los datos siguientes:

I. Nombre compleţo del soliciţţnţe;

---

[59] Congreso de la Unión. Ley de Firma Electrónica Avanzada (Artículo 17.- requisitos que debe tener el certificado digital), Cámara de Diputados, México, 2020.

II. Domicilio del solicitante;

III. Dirección de correo electrónico para recibir mensajes de datos y documentos electrónicos;

IV. Clave Única del Registro de Población (CURP) del solicitante, salvo que se trate de extranjeros, quienes deberán asentar los datos del documento que acredite su legal estadía en territorio nacional, y

V. Nombre de la autoridad certificadora a quien va dirigida la solicitud.

Posteriormente, el interesado deberá acudir ante la Autoridad Certificadora correspondiente y entregar su solicitud con firma autógrafa, acompañada de:

a) El documento que compruebe el domicilio a que se refiere la fracción II;

b) El documento de identificación oficial expedido por autoridad competente, y

c) El documento probatorio de nacionalidad mexicana, y tratándose de extranjeros, el documento que acredite su legal estadía en territorio nacional.

La Secretaría, la Secretaría de Economía y el Servicio de Administración Tributaria establecerán de manera conjunta, en términos de las disposiciones aplicables, los procedimientos para el registro de datos y verificación de elementos de identificación, emisión, renovación y revocación de certificados digitales, los cuales darán a conocer a través de sus respectivas páginas Web.

Artículo 19. El certificado digital quedará sin efectos o será revocado por la autoridad certificadora que lo emitió, cuando se actualice alguno de los supuestos siguientes:

I. Por expiración de su vigencia;

II. Cuando se compruebe que los documentos que presentó el titular del certificado digital para acreditar su identidad son falsos;

III. Cuando así lo solicite el titular del certificado digital a la autoridad certificadora que lo emitió;

IV. Por fallecimiento del titular del certificado digital;

V. Cuando se extravíe o inutilice por daños el medio electrónico que contenga los certificados digitales;

VI. Cuando se ponga en riesgo la confidencialidad, integridad o seguridad de los datos de creación de la firma electrónica avanzada, y

VII. Por resolución de autoridad judicial o administrativa que así lo determine.

En los casos a que se refiere la fracción IV de este artículo, la revocación procederá a solicitud de un tercero legalmente autorizado, quien deberá acompañar el acta de defunción del titular del certificado digital.

Artículo 20. La vigencia del certificado digital será de cuatro años como máximo, la cual iniciará a partir del momento de su emisión y expirará el día y en la hora señalada en el mismo."

7.3.4. Entidades de certificación

La ley de firma electrónica avanzada establece a las entidades de certificación, tal como lo ordena en los siguientes preceptos legales:

"**Artículo 23.** La Secretaría, la Secretaría de Economía y el Servicio de Administración Tributaria son consideradas autoridades certificadoras para emitir certificados digitales en términos de esta Ley.

Artículo 24. Las dependencias y entidades, distintas a las mencionadas en el artículo anterior, así como los prestadores de servicios de certificación que estén interesados en tener el carácter de autoridad certificadora en términos de la presente Ley, deberán:

I. Contar con el dictamen favorable de la Secretaría, y

II. Cumplir con los demás requisitos que se establezcan en las disposiciones generales que se emitan en los términos de esta Ley.

Adicionalmente, los notarios y corredores públicos y las personas morales de carácter privado deberán presentar el documento emitido por la Secretaría de Economía que los acredite como prestadores de servicios de certificación, en virtud de haber cumplido con los requisitos establecidos en el Código de Comercio y su Reglamento.

Artículo 25. Las autoridades certificadoras tendrán las atribuciones y obligaciones siguientes:

I. Emitir, administrar y registrar certificados digitales, así como prestar servicios relacionados con la firma electrónica avanzada;

II. Llevar un registro de los certificados digitales que emitan y de los que revoquen, así como proveer los servicios de consulta a los interesados;

III. Adoptar las medidas necesarias para evitar la falsificación, alteración o uso indebido de certificados digitales, así como de los servicios relacionados con la firma electrónica avanzada;

IV. Revocar los certificados de firma electrónica avanzada, cuando se actualice alguno de los supuestos previstos en el artículo 19 de esta Ley conforme ţ los procedimienţos ţ que se refiere el ţ rţículo 18 de lţ mismţ;

V. Garantizar la autenticidad, integridad, conservación, confidencialidad y confiabilidad de la firma electrónica avanzada, así como de los servicios relţ cionţ dos con lţ mismţ;

VI. Preservar la confidencialidad, integridad y seguridad de los datos personales de los titulares de los certificados digitales en términos de la Ley Federal de Transparencia y Acceso a la Información Pública Gubernamental, su Reglamento y demás disposiciones aplicables, y

VII. Las demás que les confieran las disposiciones jurídicas aplicables.

Lo anterior, sin perjuicio de las atribuciones que, en su carácter de autoridad certificadora, corresponden al Servicio de Administración Tributaria en términos de la legislación fiscal y aduanera.

Artículo 26. Las autoridades certificadoras que sean reconocidas como tales en términos del artículo 24 de esta Ley, podrán dejar de tener ese carácter cuando incumplan las obligaciones previstas en la presente Ley o se ubiquen en alguno de los supuestos previstos en el Reglamento de esta Ley.

Cuando la autoridad certificadora sea un prestador de servicios de certificación, el procedimiento para revocar el instrumento que le reconozca tal carácter, tendrá lugar conforme a la Ley Federal de Procedimiento Administrativo.

Artículo 27. La Secretaría, la Secretaría de Economía y el Servicio de Administración Tributaria podrán coordinarse para acordar y definir los estándares, características y requerimientos tecnológicos a que se deberán sujetar las autoridades certificadoras referidas en el artículo 24 de esta Ley para garantizar la autenticidad, integridad, conservación, confidencialidad y confiabilidad de la firma electrónica avanzada."

7.3.5. Derechos y obligaciones de las partes

En todo acto jurídico en el que aparezcan el usuario de la firma electrónica digital, y por otra parte la entidad certificada digital o autoridad que se encuentra con facultad para disponer de servicios de certificación de firmas electrónicas digitales. Siempre abra entre estos determinados derechos y obligaciones, y estos varían según el tipo y naturaleza del acto que celebren.

Al respecto la Ley de la Firma Electrónica Avanzada, establece:

"**Artículo 21.** El titular de un certificado digital tendrá los derechos siguientes:
I. A ser informado por la autoridad certificadora que lo emita sobre:
a) Las características y condiciones precisas para la utilización del certificado digital, así como los límites de su uso;
b) Las características generales de los procedimientos para la generación y emisión del certificado digital y la creación de la clave privada, y
c) Lţ revocţ ción del cerţificţ do digiţţ l;
II. A que los datos e información que proporcione a la autoridad certificadora sean tratados de manera confidencial, en términos de las disposiciones jurídicas aplicables, y
III. A solicitar la modificación de datos y elementos del certificado digital, mediante la revocación de éste, cuando así convenga a sus intereses.
Artículo 22. El titular de un certificado digital estará obligado a lo siguiente:
I. Hacer declaraciones veraces y completas en relación con los datos y documenţos que proporcione pţ rţ su idenţificţ ción personţ l;
II. Custodiar adecuadamente sus datos de creación de firma y la clave privţ dţ vinculţ dţ con ellos, ţ fin de mţ nţenerlos en secreţo;
III. Solicitar a la autoridad certificadora la revocación de su certificado digital en caso de que la integridad o confidencialidad de sus datos de creación de firma o su frase de seguridad hayan sido comprometidos y presuma que su clave privada pudiera ser utilizada indebidamente, y
IV. Dar aviso a la autoridad certificadora respectiva de cualquier modificación de los datos que haya proporcionado para su identificación personal, a fin de que ésta incorpore las modificaciones en los registros correspondientes y emita un nuevo certificado digital."

7.3.6. Aspectos legales de la certificación

Como hemos manifestados a lo largo de la presente investigación, existen infinidad de normas jurídicas que facultan al gobernado en México para el uso de la firma electrónica, dentro de estas normas jurídicas tenemos al Código Civil Federal, Código Federal de Procedimientos Civiles, Código de Comercio, Código Fiscal de la Federación, entre otros.

Pero destaca en este tema lo ordenado por la Ley de Firma Electrónica Avanzada, que en lo que nos interesa, dispone:

"**Artículo 1.** La presente Ley es de orden e interés público y tiene por objeto regular:

I. El uso de la firma electrónica avanzada en los actos previstos en esta Ley y lɇ expedición de cerɬificɇ dos digiɬɬ les ɬ personɬ s físicɬ s;

II. Los servicios relacionados con la firma electrónica avanzada, y

III. La homologación de la firma electrónica avanzada con las firmas electrónicas avanzadas reguladas por otros ordenamientos legales, en los términos establecidos en esta Ley.

Artículo 30. Los certificados digitales expedidos fuera de la República Mexicana tendrán la misma validez y producirán los mismos efectos jurídicos reconocidos en la presente Ley, siempre y cuando tales certificados sean reconocidos por las autoridades certificadoras a que se refiere el artículo 23 de la propia Ley y se garanticen, en la misma forma que lo hacen con sus propios certificados, el cumplimiento de los requisitos, el procedimiento, así como la validez y vigencia del certificado.

TÍTULO CUARTO DE LAS RESPONSABILIDADES Y SANCIONES
CAPÍTULO ÚNICO

Artículo 31. Las conductas de los servidores públicos que impliquen el incumplimiento a los preceptos establecidos en la presente Ley, darán lugar al procedimiento y a las sanciones que correspondan en términos de la Ley Federal de Responsabilidades Administrativas de los Servidores Públicos.

Cuando las infracciones a la presente Ley impliquen la posible comisión de una conducta sancionada en los términos de la legislación civil, penal o de cualquier otra naturaleza, las dependencias y entidades lo harán del conocimiento de las autoridades competentes."

7.4. Comercio electrónico

7.4.1. Figuras del comercio electrónico[60]

"**Artículo 89.-** Las disposiciones de este Título regirán en toda la República Mexicana en asuntos del orden comercial, sin perjuicio de lo dispuesto en los tratados internacionales de los que México sea parte.

Las actividades reguladas por este Título se someterán en su interpretación y aplicación a los principios de neutralidad tecnológica, autonomía de la voluntad, compatibilidad internacional y equivalencia funcional del Mensaje

---

[60] Congreso de la Unión LXIV Legislatura. Código de Comercio, capítulo relativo al –Comercio Electrónico-, Cámara de Diputados, México, 2020.

de Datos en relación con la información documentada en medios no electrónicos y de la Firma Electrónica en relación con la firma autógrafa.

En los actos de comercio y en la formación de los mismos podrán emplearse los medios electrónicos, ópticos o cualquier otra tecnología. Para efecto del presente Código, se deberán tomar en cuenta las siguientes definiciones:

Certificado: Todo Mensaje de Datos u otro registro que confirme el vínculo entre un Firmante y los datos de creación de Firma Electrónica.

Datos de Creación de Firma Electrónica: Son los datos únicos, como códigos o claves criptográficas privadas, que el Firmante genera de manera secreta y utiliza para crear su Firma Electrónica, a fin de lograr el vínculo entre dicha Firma Electrónica y el Firmante.

Destinatario: La persona designada por el Emisor para recibir el Mensaje de Datos, pero que no esté actuando a título de Intermediario con respecto a dicho Mensaje.

Digitalización: Migración de documentos impresos a mensaje de datos, de acuerdo con lo dispuesto en la norma oficial mexicana sobre digitalización y conservación de mensajes de datos que para tal efecto emita la Secretaría.

Emisor: Toda persona que, al tenor del Mensaje de Datos, haya actuado a nombre propio o en cuyo nombre se haya enviado o generado ese mensaje antes de ser archivado, si éste es el caso, pero que no haya actuado a título de Intermediario.

Firma Electrónica: Los datos en forma electrónica consignados en un Mensaje de Datos, o adjuntados o lógicamente asociados al mismo por cualquier tecnología, que son utilizados para identificar al Firmante en relación con el Mensaje de Datos e indicar que el Firmante aprueba la información contenida en el Mensaje de Datos, y que produce los mismos efectos jurídicos que la firma autógrafa, siendo admisible como prueba en juicio.

Firma Electrónica Avanzada o Fiable: Aquella Firma Electrónica que cumpla con los requisitos contemplados en las fracciones I a IV del artículo 97.

En aquellas disposiciones que se refieran a Firma Digital, se considerará a ésta como una especie de la Firma Electrónica.

Firmante: La persona que posee los datos de la creación de la firma y que actúa en nombre propio o de la persona a la que representa.

Intermediario: En relación con un determinado Mensaje de Datos, se entenderá toda persona que, actuando por cuenta de otra, envíe, reciba o archive dicho Mensaje o preste algún otro servicio con respecto a él.

Mensaje de Datos: La información generada, enviada, recibida o archivada por medios electrónicos, ópticos o cualquier otra tecnología.

Parte que Confía: La persona que, siendo o no el Destinatario, actúa sobre la base de un Certificado o de una Firma Electrónica.

Prestador de Servicios de Certificación: La persona o institución pública que preste servicios relacionados con firmas electrónicas, expide los certificados o presta servicios relacionados como la conservación de mensajes de datos, el sellado digital de tiempo y la digitalización de documentos impresos, en los términos que se establezca en la norma oficial mexicana sobre digitalización y conservación de mensajes de datos que para tal efecto emita la Secretaría.

Secretaría: Se entenderá la Secretaría de Economía.

Sello Digital de Tiempo: El registro que prueba que un dato existía antes de la fecha y hora de emisión del citado Sello, en los términos que se establezca en la norma oficial mexicana sobre digitalización y conservación de mensajes de datos que para tal efecto emita la Secretaría.

Sistema de Información: Se entenderá todo sistema utilizado para generar, enviar, recibir, archivar o procesar de alguna otra forma Mensajes de Datos.

Titular del Certificado: Se entenderá a la persona a cuyo favor fue expedido el Certificado."

7.4.2 Aspectos legales del comercio electrónico.

En lo referente a este tema de la firma electrónica y firma digital, el Código de Comercio tiene sus propias reglas de aplicación, seguridad y certeza jurídica para aquellos comerciantes que realizan actos de comercio de forma electrónica:

Al respecto esta norma jurídica, en lo referente a las firmas electrónicas establece:

"**Artículo 96.-** Las disposiciones del presente Código serán aplicadas de modo que no excluyan, restrinjan o priven de efecto jurídico cualquier método para crear una Firma Electrónica.

Artículo 97.- Cuando la ley requiera o las partes acuerden la existencia de una Firma en relación con un Mensaje de Datos, se entenderá satisfecho dicho requerimiento si se utiliza una Firma Electrónica que resulte apropiada para los fines para los cuales se generó o comunicó ese Mensaje de Datos.

La Firma Electrónica se considerará Avanzada o Fiable si cumple por lo menos los siguientes requisitos:

I. Los Datos de Creación de la Firma, en el contexto en que son utilizados, correţponden excluţivţ menţe ţl Firmţ nţe;

II. Los Datos de Creación de la Firma estaban, en el momento de la firma, bţjo el conţrol excluţivo del Firmţ nţe;

III. Es posible detectar cualquier alteración de la Firma Electrónica hecha después del momento de la firma, y

IV. Respecto a la integridad de la información de un Mensaje de Datos, es posible detectar cualquier alteración de ésta hecha después del momento de la firma.

Lo dispuesto en el presente artículo se entenderá sin perjuicio de la posibilidad de que cualquier persona demuestre de cualquier otra manera la fiabilidad de unţ Firmţ Elecţrónicţ; o preţenţe pruebţţ de que unţ Firmţ Elecţrónicţ no eţ fiable.

Artículo 98.- Los Prestadores de Servicios de Certificación determinarán y harán del conocimiento de los usuarios si las Firmas Electrónicas Avanzadas o Fiables que les ofrecen cumplen o no los requerimientos dispuestos en las fracciones I a IV del artículo 97.

La determinación que se haga, con arreglo al párrafo anterior, deberá ser compatible con las normas y criterios internacionales reconocidos.

Lo dispuesto en el presente artículo se entenderá sin perjuicio de la aplicación de las normas del derecho internacional privado.

Artículo 99.- El Firmante deberá:

I. Cumplir lţţ obligţcioneţ derivţdţţ del uţo de lţ Firmţ Elecţrónicţ;

II. Actuar con diligencia y establecer los medios razonables para evitar la uţilizţción no ţuţorizţdţ de loţ Dţţoţ de Creţción de lţ Firmţ;

III. Cuando se emplee un Certificado en relación con una Firma Electrónica, actuar con diligencia razonable para cerciorarse de que todas las declaraciones que haya hecho en relación con el Certificado, con su vigencia, o que hayan sido consignadas en el mismo, son exactas.

El Firmante será responsable de las consecuencias jurídicas que deriven por no cumplir oportunamente las obligaciones previstas en el presente artículo, y

IV. Responder por las obligaciones derivadas del uso no autorizado de su firma, cuando no hubiere obrado con la debida diligencia para impedir su utilización, salvo que el Destinatario conociere de la inseguridad de la Firma Electrónica o no hubiere actuado con la debida diligencia.

Artículo 100.- Podrán ser Prestadores de Servicios de Certificación, previa acreditación ante la Secretaría:

I. Loț notț rioț públicoț y corredoreț públicoț;

II. Las personas morales de carácter privado, y

III. Las instituciones públicas, conforme a las leyes que les son aplicables.

Las facultades de expedir certificados o de prestar servicios relacionados, como la conservación de mensajes de datos, el sellado digital de tiempo, o la digitalización de documentos impresos, así como fungir en calidad de tercero legalmente autorizado conforme a lo que se establezca en la norma oficial mexicana, no conllevan fe pública por sí misma, así, los notarios y corredores públicos podrán llevar a cabo certificaciones que impliquen o no la fe pública, en documentos en papel o mensajes de datos.

Quien aspire a obtener la acreditación como prestador de servicios de certificación, podrá solicitarla respecto de uno o más servicios, a su conveniencia.

Artículo 101.- Los prestadores de servicios de certificación a los que se refiere la fracción II del artículo anterior, contendrán en su objeto social las actividades siguientes, según corresponda y de acuerdo con el servicio que pretenda ofrecer:

I. Verificar la identidad de los usuarios y su vinculación con los medios de idențifcț ción elecțrónicț;

II. Comprobar la integridad y suficiencia del Mensaje de Datos del solicitante y verifcț r lț Firmț Elecțrónicț de quien reț lizț lț verifcț ción;

III. Llevar a cabo registros de los elementos de identificación de los Firmantes y de aquella información con la que haya verificado el cumplimiento de fiț bilidț d de lț ț Firmț ț Elecțrónicț ț Avț nzț dț ț y emițir el Cerțifcț do;

IV. Expedir sellos digitales de tiempo para asuntos del orden comerciț l;

V. Emițir conț ț nciț ț de conț ervț ción de menț ț jeț de dț țoț;

VI. Prestar servicios de digitalización de documentos, y

VII. Cualquier otra actividad no incompatible con las anteriores.

Artículo 102.- Los Prestadores de Servicios de Certificación que hayan obtenido la acreditación de la Secretaría deberán notificar a ésta la iniciación de la prestación de los servicios a que hayan sido autorizados, dentro de los 45 días naturales siguientes al comienzo de dicha actividad.

A) Para que las personas indicadas en el artículo 100 puedan ser Prestadores de Servicios de Certificación, se requiere acreditación de la Secretaría, la cual podrá otorgarse para autorizar la prestación de uno o varios servicios, a elección del solicitante, y no podrá ser negada si éste cumple los siguientes requisitos, en el entendido de que la Secretaría podrá requerir a los Prestadores de Servicios de Certificación que comprueben la subsistencia del cumplimento de los mismos:

I. Solicitar a la Secretaría la acreditación como Prestador de Servicios de Certificación y, en su caso, de los servicios relacionados, como la conservación de mensajes de datos, el sellado digital de tiempo, y la digiţţ lizţ ción de documenţos;

II. Contar con los elementos humanos, materiales, económicos y tecnológicos requeridos para prestar los servicios, a efecto de garantizar lţ seguridţ d de lţ informţ ción y su confidenciţ lidţ d;

III. Contar con procedimientos definidos y específicos para la prestación de los servicios, y medidas que garanticen la seriedad de los Certificados, lţ conservţ ción y consulţţ de los regisţros, si es el cţ so;

IV. Quienes operen o tengan acceso a los sistemas de certificación de los Prestadores de Servicios de Certificación no podrán haber sido condenados por delito contra el patrimonio de las personas o que haya merecido pena privativa de la libertad, ni que por cualquier motivo hayan sido inhabilitados para el ejercicio de su profesión, para desempeñar un puesto en el servicio público, en el sistema financiero o para ejercer el comercio;

V. Contar con fianza vigente por el monto y condiciones que se determinen en forma general en las reglas generales que al efecto se expidţ n por lţ Secreţţ ríţ ;

VI. Establecer por escrito su conformidad para ser sujeto a Auditoría por parte de la Secretaría, y

VII. Registrar su Certificado ante la Secretaría.

B) Si la Secretaría no ha resuelto respecto a la petición del solicitante, para ser acreditado conforme al artículo 100 anterior, dentro de los 45 días siguientes a la presentación de la solicitud, se tendrá por concedida la acreditación.

Artículo 103.- Las responsabilidades de las Entidades Prestadoras de Servicios de Certificación deberán estipularse en el contrato con los firmantes.

Artículo 104.- Los Prestadores de Servicios de Certificación deben cumplir las siguientes obligaciones:

I. Comprobar por sí o por medio de una persona física o moral que actúe en nombre y por cuenta suyos, la identidad de los solicitantes y cualesquiera circunstancias pertinentes para la emisión de los Certificados, utilizando cualquiera de los medios admitidos en derecho, siempre y cuando sean previ̦ men̦e noţific̦ doţ ţl ̦olici̦ n̦e;

II. Poner a disposición del Firmante los dispositivos de generación de los D̦ ţoţ de Cre̦ ción y de verific̦ ción de l̦ Firm̦ Elec̦rónic̦ ;

III. Informar, antes de la emisión de un Certificado, a la persona que solicite sus servicios, de su precio, de las condiciones precisas para la utilización del Certificado, de sus limitaciones de uso y, en su caso, de la forma en que garantiza su posible re̦ pon̦ ţ bilid̦ d;

IV. Mantener un registro de Certificados, en el que quedará constancia de los emitidos y figurarán las circunstancias que afecten a la suspensión, pérdida o terminación de vigencia de sus efectos. A dicho registro podrá accederse por medios electrónicos, ópticos o de cualquier otra tecnología y su contenido público estará a disposición de las personas que lo soliciten, el contenido privado estará a disposición del Destinatario y de las personas que lo soliciten cuando así lo autorice el Firmante, así como en los casos a que se refieran las regl̦ ţ gener̦ le̦ que ̦l efe̦o e̦ţţ blezc̦ l̦ Secre̦ rí̦ ;

V. Guardar confidencialidad respecto a la información que haya recibido para l̦ pre̦ţţ ción del ̦ervicio de cer̦ific̦ ción;

VI. En el caso de cesar en su actividad, los Prestadores de Servicios de Certificación deberán comunicarlo a la Secretaría a fin de determinar, conforme a lo establecido en las reglas generales expedidas, el destino que se d̦ rá ̦ ̦u̦ regi̦ţro̦ y ̦ rchivo̦ ;

VII. Asegurar las medidas para evitar la alteración de los Certificados y mantener la confidencialidad de los datos en el proceso de generación de los D̦ ţoţ de Cre̦ ción de l̦ Firm̦ Elec̦rónic̦ ;

VIII. Establecer declaraciones sobre sus normas y prácticas, las cuales harán del conocimiento del usuario y el Destinatario, y

IX. Proporcionar medios de acceso que permitan a la Parte que Confía en el Certificado determinar:

a) Lţ idenţidţ d del Preţţţ dor de Servicioţ de Cerţificţ ción;

b) Que el Firmante nombrado en el Certificado tenía bajo su control el dispositivo y los Datos de Creación de la Firma en el momento en que se expidió el Cerţificţ do;

c) Que los Datos de Creación de la Firma eran válidos en la fecha en que se expidió el Cerţificţ do;

d) El método utilizado para identificar al Firmţ nţe;

e) Cualquier limitación en los fines o el valor respecto de los cuales puedan uţilizţ rţe loţ Dţ ţoţ de Creţ ción de lţ Firmţ o el Cerţificţ do;

f) Cualquier limitación en cuanto al ámbito o el alcance de la responsabilidad indicada por el Prestador de Servicioţ de Cerţificţ ción;

 g) Si existe un medio para que el Firmante dé aviso al Prestador de Servicios de Certificación de que los Datos de Creación de la Firma han sido de alguna manera controvertidos, y

h) Si se ofrece un servicio de terminación de vigencia del Certificado."

Como se ha analizado la digitalización de la firma electrónica en cualquier acto en que interviene la voluntad del ser humanos, debe estar a la vanguardia del avance científico y tecnológico en esta era de la tecnología, lo cual obliga al ser humano que se someta en forma constante en la globalización tecnológica, ya que sin esta no tendrá progreso y quedará rezagado.

La revolución tecnológica y científica, hoy en día representa el desarrollo de cada país, el que no se incursiona en éstos monstruos se queda a la deriva y no avanza, pues se queda empantanado y representa un retroceso en su desarrollo cultural, económico y social. De ahí que los países en vías de desarrollo deben incursionarse en su desarrollo tecnológico para poder competir a nivel global.

Actualmente el desarrollo tecnológico representa un progreso en los mercados internacionales, en el comercio internacional y en cualquier actividad del ser humano para su crecimiento global en cualquier aspecto.

Aunque la brecha digital aparece en aquellos países que le han puesto poco interés en su desarrollo científico y tecnológico, por la falta de modernización derivado de la crisis económica en que viven, pero para ser competitivos es casi obligatorio desarrollarse en las tecnologías, ya que la globalización económica lo exige y jala a los países hacia una competencia desleal.[61]

---

[61] García Ramírez, Francisco Javier. Escuela Poder y Currículum, Cescijuc, México, 2016.

Capítulo Ocho

Gobierno Electrónico

El gobierno electrónico es una construcción social creada por el ser humano, cuando trata de incursionar las Tecnologías de Información y Comunicación (TICs) en los servicios públicos que prestan las instituciones de gobierno al público en general, y se refiere al "Servicio Público y Digital que prestan los tres niveles de gobierno a la ciudadanía y al sector empresarial con el objetivo de mejorar sus servicios con eficacia, eficiencia, prontitud y habilitación de cualquier servicio público gubernamental, renovando procesos, procedimientos relativos a la realidad de servicios públicos, proporcionando armonía y combinación entre las instancias del gobierno, con el gobernado, ţţí, como lţ relţ ción enţre lţţ inţţiţucioneţ de gobierno en ţuţ ţreţ niveleţ; lţ finalidad es reinventar los servicios ofrecidos por el poder ejecutivo, el poder legislativo y el poder judicial, situando a la población conformada por personas físicas y morales en el centro de atención".

Antecedente de lo que se conoce como **gobierno electrónico en México**, sobre la integración de las tecnologías en la adquisición publica en México, empezó en 1971, con el Comité Técnico Consultivo de Unidades de Informática (CTCUI), después este trabajo fue retomado por el Instituto Nacional Estadística, Geografía e Informática (INEGI). Y a partir de esos años comenzó a modernizarse la función administrativa en México.

El **e-gobierno** en México ha cambiado estilos de gobernabilidad donde el ciudadano se involucra más activamente, y en el gobierno se va fortaleciendo en la medida que va atendiendo las peticiones de la ciudadanía.

Para dar respuesta a la ciudadanía las instituciones gubernamentales han incorporado como herramientas de su trabajo las TICs para la gestión pública, en donde se beneficia a toda la sociedad en 5 niveles, que son:

A) Etapa de inicio básico.

B) Etapa de interacción, gobierno y gobernados.

C) Etapa de transacción.

D) Etapa de conexión, o de transformación.

E) Etapa de próstesis integrados, donde se aplican servicio públicos y atención a personas físicas y morales y atender sus peticiones

Pues actualmente son las citadas etapas en las que versa la actividad del gobierno electrónico o e-gobierno, en torno al Estado Mexicano. Claro falta mucho que hacer para que las TICs fluyan más y contribuyan en el desarrollo científico y tecnológico de México, pero cada vez más las exigencias sociales tienden a ser coyunturales porque la sociedad requiere sistemas tecnológicos más sofisticados para responder a la expectativa social y cultural del gobernado mexicano, sobre todo en atención a los servicios públicos que se puedan atender en sistemas electrónicos que exige actualización y modernización de los órganos de gobierno, aunque los ciudadanos van a exigir más, luego aparecerá la disyuntiva entre ciudadanía exigente de atención en servicios públicos a través del uso de TICs contra la calidad del servicio que prestan los tres niveles de los órganos de gobierno del Estado mexicano, que tratará de responder a las inquietudes colectivas de la sociedad.

8.1.1. Importancia del uso de la informática

El derecho al acceso a la información puede interpretarse dentro de los marcos jurídicos que respaldan la libertad de información en lo que respecta a la información que está en manos de los órganos públicos o en el sentido más amplio incluyendo además la información de que disponen otras partes, caso en el cual se vincula directamente a la libertad de expresión.

Hoy en día, la libertad de los medios de comunicación de masas en todo el mundo es una tarea prioritaria. Los medios de comunicación independientes, libres y pluralistas son indispensables para una buena gobernanza en las democracias, tanto nuevas como antiguas. Los medios libres pueden asegurar la transparencia, la rendición de cuentas, el estado de derecho y la seguridad públicţ, lţ ţeguridţd privţdţ y lţ ţeguridţd ţociţl; ţdemáţ ţhorţ lţ participación abre la participación en el debate público y político, trata de erradicar y ayudar la lucha contra la pobreza. Los medios de comunicación independientes extraen su poder de la propia comunidad a la que sirve y a su vez permite a esta participar en el proceso democrático. De ahí que, actualmente la TICs, son una herramienta indispensable tanto en el sector público, privado y social, los cuales juegan un rol importante en la interacción entre los órganos de gobierno con la sociedad. Por lo que la expectativa social requiere y demanda atención en servicios públicos en línea y que la calidad en el servicio debe responder adecuadamente a las necesidades de los súbditos en México.

Por lo que podemos decir, la libertad de información y la libertad de expresión son los principios básicos de un debate abierto y bien fundado. Las TICs siguen evolucionando y cada vez más favorece al gobernado a las fuentes diversificadas del e-gobierno. Como sabemos el interés social está haciendo atendido a través de sistemas tecnológicos e informáticos, que son indispensables en esta actual era de la tecnología y globalización social con el usos de las TICs.

La interacción entre el gobierno y personas a través del acceso a la información y la participación de los ciudadanos en los medios de comunicación mejorando la contribución a la apropiación y capacidad de intervenir en las decisiones del gobierno en sus tres niveles como para dar respuesta a las peticiones y necesidades del propio gobernado.

En México el reto de los gobiernos (municipal, estatal y federal) es ofrecer una gestión transparenté y clara para los gobernados, cabe recalcar que estos cada vez mas son exigentes al pedir transparencia en las sesiones públicas, de ahí que las tareas de los tres niveles de gobierno cada vez se vuelven mas complicados, debido a que deben dar respuesta a las necesidades de los gobernados en el territorio mexicano, y las comunicaciones a través de las redes sociales que actualmente son internacionales, que casi no tienen barreras y en cuestión de segundos llegan a cualquier parte del planeta tierra. Por lo que podemos decir que el avance científico y tecnológicos, ponen al alcance de la población comunicación instantánea en todo el mundo.

La demanda de políticas públicas, como los servicios a la salud, infraestructura, educación, los servicios básicos indispensables para la organización, entre otros que el gobierno tiene obligación de ofrecer a la ciudadanía no es tarea fácil ya que es muy complejo ofrecer y brindar servicios públicos, de ahí que las TICs son una herramienta de trabajo, como medios para realizar solicitudes, contar con contactos entre los órganos de gobierno y la ciudadanía pero mas no solucionan el problema porque cada vez más se vuelve complejo, ya que mientras se soluciona parte, va quedando obsoleto por el crecimiento tecnológico que es maratónico y casi imposible de alcanzar en esta era de la tecnología.

Con la implementación de las TICs en los órganos de gobierno va evolucionando de forma necesaria y va ayudando en la interacción gobierno-ciudadano sobre cómo pueden y deben hacerse las cosas de ahí que parte de infraestructura y modernidad de los tres niveles de gobierno, lo conocen como e-gobierno, viene a ser una interacción entre gobierno y gobernados en lo referente a los servicios públicos que los órganos de gobierno brindan a los gobernados en la República Mexicana.

EL gobierno electrónico es la transformación de los tres niveles de gobierno como un cambio de paradigma en la gestión gubernamental, es un concepto de gestión que conlleva implícito las TICs, con modalidad de gestión, planificación, administración y atención de peticiones, y atención a las peticiones del gobernado, el objetivo de las instituciones del gobierno es el uso de las TICs para mejorar los servicios de información ofrecidos a los ciudadanos y organizaciones, mejorar y acelerar los procesos de soporte institucional, facilitar la creación de canales de unificación, transparente y eficiente en la interacción gobierno y participación ciudadano en activo.

8.1.2. Casos de normatividad en los tres niveles de gobierno en México

En diciembre del año 2003 se publicó en el Diario Oficial de la Federación como significativas reformas a la Ley Orgánica de la Administración Pública Federal que otorga facultades a la Unidad de Gobierno Electrónico y Política de Tecnologías de la Información (UGEPTI). Así tenemos que en el Reglamento Interior de la Secretaria de la Función Pública, que estableció mecanismos, seguimiento, instrumentación y coordinación de estrategias en materia de gobierno electrónico con las dependencias y entidades de Administración Pública Federal[62], también provén dichos mecanismo con gobiernos municipales y estatales, sector privado y ciudadanía, en general.

El objetivo fue cambiar la parte operativa y encausar sus funciones como una organización más innovadora, facilitadora y promotora de la política digital del gobierno, al transformarla en un área fundamental, normativa, de consultoría, e incluyente para ayudar a las Direcciones Generales de Informática del Gobierno con el fin de solucionar problemas de estrategia más que problemas operativos.

El **gobierno digital** sustituyo al **gobierno electrónico**, lo mismo que sus siglas de UGEPTI a UGD (Unidad de Gobierno Digital) para enfatizar el proceso de automatización de los trámites y servicios.

---

[62] Congreso de la Unión LXIV Legislatura. Ley Orgánica de la Administración Publica Federal, México, 2020.
La Transformación del **Gobierno Tecnológico** a **Gobierno Digital** para dar respuesta a la automatización de los trámites y servicios públicos.

La estrategia de gobierno digital que pretende definir el rumbo del desarrollo mediante una serie de proyectos y sus correspondientes líneas de acción, pero a falta de una ley para regular su funcionamiento, la encomienda solo quedo en intenciones, los mismo sucedió con las entidades federativas y municipios a través del Comité de Informática de la Administración Pública Estatal y Municipal (CIAPEM).

Las operaciones de los servicios públicos electrónicos deben acompañarse de un marco jurídico legal, con la capacidad de crear normas para garantizar a los usuarios su țccețo con țoțț l țeguridț d; lț confidencič lidț d de loț dț țoț personales y la seguridad de las transacciones deben estar garantizadas, apoyadas en grupos calificados para combatir y erradicar la inseguridad cibernética.

En el mes de noviembre del año 2013, el gobierno federal publicó la Estrategia Digital Nacional derivada de la estrategia "Gobierno Cercano y Moderno", y el primero se sus cinco artículos se refirió a la transformación gubernamental, consistente en la construcción de una nueva relación entre la sociedad y el gobierno, basada en la experiencia de los ciudadanos como usuarios de los servicios públicos, mediante la adaptación de las TICs en el gobierno de la República Mexicana.

El gobierno electrónico es aquel que busca optimizar el adecuado uso de los recursos gubernamentales y el manejo de la información de la mano de estrategias digitales, dentro de la administración pública, para entregar servicios rápidos y transparentes a los ciudadanos.

En el gobierno trae consigo beneficios en todos los niveles para ayudar a la modernización y eficacia de los procesos de control interno y externo de la institución. Acerca al gobierno y a los ciudadanos al eliminar barreras de tiempo y espacio al compartir recursos favorecedores de la descentralización, no obstante, sigue habiendo resistencia al uso de las nuevas tecnologías al asociar este término con la pérdida de empleos.

Hoy en día con el e-gobierno se trata de brindar servicios de calidad tanto a la integración en los tres niveles de gobierno, la interacción entre estos y las personas físicas y morales en esto, las TICs son herramientas fundamentales para la transformación en esta era digital lo cual es indispensable en esta era de la tecnología donde requiere tecnología de punta, para poder competir en el desarrollo tecnológico sea ésta nacional o internacional.

8.2. Policía cibernética
Marco legal

La Constitución Política de los Estados Unidos Mexicanos en su artículo 21, párrafos noveno y décimo, dispone que la "**seguridad pública** es una función a cargo de la federación, la Ciudad de México, los Estados y los Municipios, que comprende la prevención de delitos, la investigación y persecución para hacerla efectiva, así como la sanción de las infracciones administrativas en los términos de la ley".[63]

La Ley General del Sistema Nacional de Seguridad Pública, reglamentaria del artículo 21 constitucional, establece en su artículo 2 que la Seguridad Pública tiene como fines salvaguardar la integridad y derechos de las personas, preservar las libertades, el orden y la paz públicas y comprende la prevención especial y general de los delitos, la investigación para hacerla efectiva, la sanción de las infracciones administrativas, así como la investigación y persecución de los delitos y la reinserción social del individuo en términos de dicha ley.

La Ley de Planeación establece en su artículo 37 que el Ejecutivo Federal, por si o a través de sus dependencias, y las entidades paraestatales podrán concertar la realización de las acciones previstas en el plano y los programas con las representaciones de los grupos sociales o con los particulares interesados.

Fue creada en México con la finalidad de detectar por medio del patrullaje en la red los sitios, procesos y responsables de las diferentes conductas delictivas que se pueden cometer en contra y a través de medios informáticos y electrónicos.

Hoy en día las Entidades Federativas no cuentan con capacidades de policía cibernética robusta. El 40% de las entidades cuenta con Unidades de Policía Cibernética, de ellas, solo el 10% cuenta con la infraestructura y capacidades mínimas para su operación. (Plan Nacional de Desarrollo 2013-2018, Gobierno Federal, Poder Ejecutivo Federal).

La falta de cultura de seguridad informática de la población y el incremento de los delitos cibernéticos han generado la necesidad de impulsar la reforma legislativa en materia de delitos cibernéticos.

---

[63] Juárez Pérez, Melecio Honorio. Concepto de Seguridad Pública, interpretando el artículo 21 de la Carta Magna, México, 2020.

Actualmente, no se dispone de indicadores estadísticos de ciberdelincuencia a nivel nacional. Se requiere fortalecer la celebración de tratados internacionales que formalizan la colaboración con policías cibernéticas de otros países.

A nivel mundial México ocupa el primer lugar en virus informáticos por encimŧ de chinŧ y Brŧŧil; en Américŧ Lŧŧinŧ ocupŧ el ŧegundo lugŧr en fraudes electrónicos, (debajo de Brasil) y el tercer lugar en ataques a páginas web (debajo de Brasil y Perú). Las ganancias del cibercrimen mundial se encuentran en un rango de 300 a 500 mil millones de dólares anuales y México se estima que en el 2013 hubo pérdidas de 3 mil millones de dólares debido al cibercrimen. (Fuente: 2013 reporte Norton PressDECK México, http: // es.scribd.com/doc/185270894/2013-Reporte-Norton-press-Desck-Mcxico).

El modelo de la policía cibernética establece los cimientos para aumentar las capacidades del Estado Mexicano para prevenir e investigar los delitos cibernéticos. De acuerdo con la ONU, sólo el 1% de los delitos informáticos son denunciados a la policía, quizás se debe a que la sociedad aún no esta preparada o tiene poco conocimiento de los delitos cibernéticos, o la falta de divulgación de los sistemas encargados de prevención de delitos cibernéticos, o también las Fiscalías de la Entidades Federativas, y la Fiscalía General de la República no cumplen su función en materia de prevención y procuración de justicia en materia de delitos cibernéticos.

La implementación estratégica y estipulado del modelo de policía cibernética debe impulsar la atención oportuna a las denuncias ciudadanas, fortalecer los canales de coordinación y las capacidades de investigación, así como la integración de estadísticas nacionales sobre ciberdelincuencia en México para permitir la generación de políticas públicas en materia de prevención de delitos cibernéticos.

Como sabemos un delito cibernético es una actividad delictiva y criminal que realiza una persona a través de las TICs y redes informáticas, telemáticos a través del internet a la que se suma un acto informático contrario a las normas jurídicas, a las buenas costumbres y a la moral, donde la persona que lo comete aplica métodos muy variados de acuerdo a sus habilidades y objetivos. Precisamente la policía cibernética es la encargada de realizar trabajos de investigación a través de una red de comunicación.

El delito cibernético podemos decir actualmente que es una forma emergente de la delincuencia internacional y con un crecimiento rápido y que el internet se ha convertido en la parte esencial de los servicios suministrados que sirven de vital información y comunicación a las personas en todo mundo, a la que los delincuentes le han sacado provecho, ya que a través de este medio han cometido infinidad de delitos cibernéticos.

Hoy en día dentro de los delitos cibernéticos más comunes tenemos:

A) Robo (robo de datos, robo de información, robo de identidad, usurpación de personas, usurpación de la función pública, entre otros).

B) Descubrimiento y revelación de secretos (delitos que atentan contra la propiedad intelectual e industrial: piratería entre otros).

C) Delitos contra la intimidad de los menores y acoso (dentro de esta modalidad se ubica la pornografía infantil, el turismo sexual infantil, atentados ha pudor de menores y algunos delitos sexuales).

D) Delitos de amenazas y coacciones (es común en los extorsionadores, en fraudes, engaños, enriquecimiento ilegitimo).

F) Falsificación de documentos (cundo se trata de documentos apócrifos en su uso para fines personales de delincuentes cibernéticos o de terceros con fines de causar daños contra la persona física o moral titular de documentos auténticos).

G) Daños en propiedad y sabotaje informático (cuando se causan daños y prejuicios contra la propiedad de aquella persona a través de delincuentes cibernéticos con el uso del internet con la finalidad de causar perjuicios al titular del bien jurídico tutelado).

H) Delitos contra la propiedad intelectual (son todos aquellos delitos que atenta contra el derecho de autor; así como en contra de la propiedad industrial).

I) Suplantación de identidad (consiste en que una persona se haga pasar por otra persona física o moral, sin tener el derecho ni la autorización para representar a la persona que está suplantando).

El phishing es una técnica de ingeniería social utilizada por los delincuentes para obtener información confidencial como nombres de usuario, contraseña y detalles de tarjeta de crédito. Haciéndose pasar por una comunicación confiable y legítima.

Daños causados por el phishing y cómo combatirlo
Los daños causados por el phishing oscilan entre la pérdida del acceso al correo electrónico o pérdidas económicas sustanciales.

Hoy en día dentro de las técnicas para combatir el phishing tenemos:

A) Respuestas organizativas.

B) Respuestas técnicas y sofisticadas.

C) Respuestas legislativas y judiciales.

8.3. Cibertribunales

Son instituciones públicas encargadas de impartir justicia a través del internet como herramienta indispensable que tiene como objetivo la investigación, desarrollo, difusión del derecho de las nuevas tecnologías.

El jurista mexicano Julio Téllez Valdés, dice que los cibertribunales son "mediadores en los litigios derivados del uso de Internet (comercio electrónico, propiedad intelectual, protección de la vida privada, entre otros). Estos tribunales permiten a las partes interesadas elegir de entre diversos expertos (en ocasiones académicos), aquellos que propondrán soluciones a los conflictos, sustentados en los textos internacionales más avanzados en la materia."[64]

Actualmente existen conflictos de manera frecuente y obliga la creación de los sistemas alternativos de solución de disputas, como el arbitraje tanto nacional como el inţernţcionţl, lţ mediţción y conciliţción; y lo máţ recienţe loţ juicios adversariales, también conocidos éstos últimos como juicios orales, que se están implementando en varios entidades federativas de la República mexicţnţ; ţţí ţţmbién ţenemoţ ţ loţ juicioţ en mţţeriţ fiţcţl, y por último lţ nueva Ley de Amparo de 2013, que prevé el juico de amparo en línea. Estos presentan grandes beneficios y ventajas prácticas en relación a los juicios, sobre todo en la solución de conflictos dentro de estructuras digitales.

Uno de los objetivos primordiales que tienen los cibertribunales o cibercortes es tratar de resolver a través de la justicia digital los litigios entre los miembros de un grupo de debate, entre competidores, proveedores de acceso a internet, así como la relación de la propiedad intelectual.

También podemos decir que los cibertribunales son un órgano en línea donde se pueden resolver conflictos jurídicos con asesoría legal.

México ya cuenta con cibertribunales, tal es el caso de que ha implementado políticas públicas en materia de impartición de justicia cibernéticas a efecto de erradicar los delitos que se cometen a través de medios electrónicos, aunque

---

[64] Téllez Valdés, Julio. Derecho Informático, 3ª ed., MacGraw-Hill, México, 2006, p. 47.

estos órganos han dado poco resultado lo que se puede desprender de los cibertribunales de las Entidades Federativas de la Ciudad de México, Monterrey, Guadalajara, Aguascalientes y Chiapas.

La jurimetría es una disciplina que tiene como propósito o razón la posibilidad de la sustitución del juez por la computadora.

Además, en la jurimetría se utiliza la técnica interdisciplinaria que tiene por objeto el estudio e investigación de los conocimientos en la informática general aplicable a la recuperación de información jurídica, así como la elaboración y aprovechamiento de los instrumentos de análisis y tratamiento de información jurídica necesarios para lograr dicha recuperación.

La palabra jurimetria aparece en 1949 por Lee Loevinger, denominación que alcanzo amplia difusión durante años y englobo todas las implicaciones jurídicas de la cibernética. En especial el uso de la electrónica en el campo de la recuperación de datos, así como la utilización de los métodos de la ciencia en el campo del derecho.

Las TICs en la actualidad impactan en todos los ámbitos de la vida del ser humano, y la justicia no se escapa de ella, de ahí que en materia de cibertribunales solamente comparecen en forma virtual las personas que presentan denuncias, lo mismo con el Ministerio Publico, y lo jueces, así como los demás sujetos procesales que deben intervenir en un juicio sujeto a un proceso cibernético, para accionar la justicia cibernética.

La ciber justicia se puede definir como "la búsqueda de equidad entre dos o más partes en pugna a través de un tribunal en línea2. Esta surge como un proyecto de solución de conflictos que cada vez se vuelve más común, en función de la incorporación de la tecnología en nuestra vida diaria, en nuestro país el primer tribunal que ha implementado la modalidad de juicio en línea para llevar a cabo la función de impartir justicia otorgada por la Constitución Federal en su artículo 17 es el Tribunal Federal de Justicia Fiscal y Administrativa que echó a andar esta nueva vía de solución de controversias el 7 de agosto de 2011. Este funciona como un sistema informático que registra, controla, almacena, difunde, transmite, administra, y notifica en línea el procedimiento contencioso administrativo, que es el que se resuelve en dicho organismo".

En los últimos años, con la reforma que han sufrido diversas normas jurídicas en México se ha implementado "Los Juicios Orales (aunque son de corte mixto) en materia penal, civil, mercantil, familiar, laboral, administrativa, ţgrţriţ; en mţţeriţ de Juicio Conţţiţucionţl de Ampţro, lţ ley de ţmpţro y normas aplicables en forma supletoria a dicha legislación, permiten a los tribunales federales, dar trámite a los juicios de amparo en línea electrónica al quejoso o agraviado, lo cual a sido un gran avance de la justicia en línea en México.

8.4. Ciberterrorismo

Se le da esta calificativa a aquellos actos delictivos en los cuales se usa medios tecnológicos de información, comunicación, informática, electrónica o similar, con el propósito de generar terror o miedo generalizado en una población, clase dirigente o gobierno, causando con esto una violación a la libre voluntad de las personas, victimas o sujetos pasivos de éste delito.

Del citado concepto expuesto se desprenden *tres palabras fundamentales* que son: el terrorismo, internet y ciberterrorismo. De ahí que partiremos de estas tres vertientes en los siguientes términos:

A) Terrorismo. Esta palabra viene del latín "Terrere" que significa atemorizar, aterrar. Pensar en los inicios del terrorismo es pensar en el homicidio, regicidio o tiranicidio.[65]

La imposición de llaves sociales, como políticos o religiosos, a través del uso de la violencia es una realidad de la que la humanidad se ha dolido por mucho tiempo.

A través de la historia los "**sicarios**" fueron un grupo de judíos que marcaron y definieron el destino de su sociedad a través de la imposición de sus ideales, mediante el uso de la violencia, pues utilizaban técnicas no comunes como la de asesinar a sus enemigos, que eran sus objetivos en pleno día y preferiblemente en días festivos cuando la gente salía a las calles a festejar.[66]

El terrorismo siguió desarrollándose, y en 1968 se crea el Ku Klux Klan como un grupo terrorista cuyos objetivos eran terminar con el Partido Republicano, mantener la supremacía blanca ante el movimiento de derechos civiles y políticos de los afroamericanos, buscando el control político y social a través de la violencia y el miedo.

En Europa posterior a la primera guerra mundial con el surgimiento del nacionalismo, el terrorismo encontró un impulso sin igual, pues dio a los

---

[65] Luz Félix Takia, Ricardo de la. Estrategias contra el Terrorismo Internacional, Porrúa e Instituto Internacional del Derecho y del Estado, México, 2005, p. 31.

[66] Laqueur, Walter. Una historia del terrorismo, Paidós, España, 2003, p. 38.

terroristas un motivo muy fuerte más allá para engendrar el miedo y la violencia. La Organización Revolucionada Interna de Macedonia y el Ejército Republicano Irlandés, tuvieron un papel importantísimo, pues sus atentados eran transfronterizos, es decir afectaban más allá de las fronteras de sus propios países, lo que sentó un precedente para la evasión de las agrupaciones terroristas que surgieron después.[67]

Otro antecedente importante del terrorismo son las Brigadas Rojas, quienes si bien en un inicio, fueron un grupo de revolucionario italiano, con el tiempo se convirtieron en un grupo terrorista que, con fundamento en la teoría Marxista, tenían objetivos atraer al proletariado y retirar a Italia del Tratado Atlántico Norte, quienes ejecutaron a múltiples funcionarios en aras de imponer su ideal separatista y socialista.

Últimamente llega el múltiple atentado perpetuado en el World Trade Center y en el Pentágono y otras sedes gubernamentales del gobierno norte americano el 11 de septiembre del 2001. Con este ataque terrorista se fija un antecedente importantísimo, pues a diferencia de los diversos mencionado anteriormente, a partir de este suceso surge un terrorismo improvisado alejado de cualquier teoría, como el marxismo, en el que además de fijar las bases del terrorismo internacional, se comenzó a cuestionar sobre las nuevas herramientas utilizadas por las organizaciones terroristas para lograr su objetivo.

A partir de los atentados del 11 de septiembre de 2001 el entendimiento del terrorismo sufrió un giro inesperado; el impacto y gravedad del ataque fue tan grande que las organizaciones internacionales comenzaron a emitir normatividad importante en la materia, además, se originó la cooperación internacional para combatir el terrorismo.

El fenómeno del terrorismo debe ser analizado bajo un contexto social como político, jurídico y económico de ahí la evolución que dificulta la aceptación o consenso respecto de la definición del concepto, la cual debe ser estudiada de una perspectiva doctrinal y jurídica.

Cabe recordar que la palabra terrorismo aparece por primera vez en 1798, en el Diccionario de la Academia Francesa, haciendo referencia al reino de terror", por las múltiples ejecuciones de lideres en las plazas publicas como sintonía de una descomposición política en la Francia revolucionaria; sin embargo, como era de esperarse, la definición fue muy escueta, y es que desde

<hr>

[67] Feal Vázquez, Javier. Terrorismo Internacional, Boletín de Información, Ministerio de Defensa, España, número 275, 2002, p. 59.

entonces se manifestó el problema de definirlo, debido a las diferentes acepciones que podía tener, pero se le asocio a la idea de cambio político desde este sucedo.[68]

Los principales problemas de definir al terrorismo es que las diversas definiciones que se han dado, han ido cambiando según las circunstancias, históricas y políticas, se puede advertir en el contexto que se vive, en termino que se ha utilizado para referirse al terrorismo, es distinto pues varía según las causas, las herramientas, incluso el régimen político.[69]

Como sabemos resulta complejo definir al terrorismo, ya que algunos tratadistas de éste tema fenomenal y criminal, lo analizan por los fines que persiguen y otros por técnicas empleadas por los mismo, de ahí que los mecanismos de asistencia penal mutua que son un punto pilar para combatir este fenómeno que hoy en día trata de evolucionar rápidamente a nivel internacional.[70] El terrorismo puede definirse como "La dominación del terror, sucesión de actos de violencia ejecutados para infundir terror. Se trata de una acción humana destinada a producir temor o terror a una persona o grupo de ellas, usando medios ilegítimos, casi siempre violentos y con fines políticos".[71]

Raúl Carranca y Rivas lo define como "La dominación por el terror, el medio de lucha violenta practicada por una organización o grupo político".

El FBI lo define como "La utilización ilícita de la fuerza y la violencia contra personas o bienes con el fin de intimidar o coaccionar a un gobierno, a la población civil o a una parte de esta para alcanzar objeticos políticos o sociales y cuya finalidad son las de incluir o coaccionar al gobierno o a la población o la de imposición de un ideal".

En México es definido por el Código Penal Federal[72] en su artículo 148 Bis al 148 Quater, que dispone:

---

[68] Laqueur, Walter. Una historia del terrorismo, Paidós, España, 2003, p. 37.

[69] Stern, Jessica. El terrorismo definido, cuando lo impensable sucede, Granica, Barcelona, España, 2001, p. 35.

[70] Abad, Castellos, Monserrat. "El concepto jurídico de terrorismo y los problemas relativos a su ausencia en el ámbito de las naciones unidas", en Iglesias Sánchez, Sahara (coordinador), terrorismo y legalidad internacional, editorial Dykinson, Madrid, 2012, pp.105-125

[71] Instituto de Investigaciones Jurídicas de la UNAM. Diccionario Jurídico Mexicano Tomo P-Z, IIJ-UNAM/Porrúa, México, 1992, p. 3081.

[72] Congreso de la Unión, LXIV Legislatura. Código Penal Federal, Cámara de Diputados, México, 2020.

"**Artículo 148 Bis.-** Se impondrá pena de prisión de quince a cuarenta años y de cuatrocientos a mil doscientos días multa, sin perjuicio de las penas que correspondan por otros delitos que resulten:

I. A quien utilizando sustancias tóxicas, armas químicas, biológicas o similares, material radioactivo, material nuclear, combustible nuclear, mineral radiactivo, fuente de radiación o instrumentos que emitan radiaciones, explosivos o armas de fuego, o por incendio, inundación o por cualquier otro medio violento, realice en territorio mexicano, actos en contra de bienes, personas o servicios, de un Estado extranjero, o de cualquier organismo u organización internacionales, que produzcan alarma, temor o terror en la población o en un grupo o sector de ella, para presionar a la autoridad de ese Estado extranjero, u obligar a éste o a un organismo u organización internacionales para que tomen una determinación;

II. Al que cometa el delito de homicidio o algún acto contra la libertad de una persona internacionalmente protegida;

III. Al que realice, en territorio mexicano, cualquier acto violento en contra de locales oficiales, residencias particulares o medios de transporte de una persona internacionalmente protegida, que atente en contra de su vida o su libertad, o

IV. Al que acuerde o prepare en territorio mexicano un acto terrorista que se pretenda cometer, se esté cometiendo o se haya cometido en el extranjero.

Para efectos de este artículo se entenderá como persona internacionalmente protegida a un jefe de Estado incluso cada uno de los miembros de un órgano colegiado cuando, de conformidad con la constitución respectiva, cumpla las funciones de jefe de Estado, un jefe de gobierno o un ministro de relaciones exteriores, así como los miembros de su familia que lo acompañen y, además, a cualquier representante, funcionario o personalidad oficial de un Estado o cualquier funcionario, personalidad oficial u otro agente de una organización intergubernamental que, en el momento y en el lugar en que se cometa un delito contra él, los miembros de su familia que habiten con él, sus locales oficiales, su residencia particular o sus medios de transporte, tenga derecho a una protección especial conforme al derecho internacional.

Artículo 148 Ter.- Se impondrá pena de cinco a diez años de prisión y de cien a trescientos días multa, a quien encubra a un terrorista, teniendo conocimiento de su identidad o de que realiza alguna de las actividades previstas en el presente capítulo.

Artículo 148 Quáter.- Se aplicará pena de seis a doce años de prisión y de doscientos a seiscientos días multa al que amenace con cometer el delito de terrorismo a que se refieren las fracciones I a III del artículo 148 Bis."

Por otro lado, el Convenio Internacional para la represión de los atentados con bombas, prevé: "1. Comete delito en el sentido del presente convenio quien ilícita e intencionalmente entrega, coloca, arroga o detona un artefacto o sustancias explosivas u otro artefacto mortífero en o contra de un lugar de uso público, una instalación publica o de gobierno, una red de transporte público o una instalación de infraestructura: a) Con el propósito de causar la muerte o graves lesiones corporales, o b) Con el propósito de causar una destrucción significativa de ese lugar, instalación o red que produzca o pueda producir un gran perjuicio económico...".

En resumen, podemos decir que el terrorismo es una creación, ejecución y consumación de delitos que se cometen en un estado de alarma o de terror en la colectividad o en ciertos grupos sociales, que pone en peligro bienes jurídicos tutelados como la vida, la integridad, y la propiedad.

En México, es común hoy en día ver en cualquier parte del territorio mexicano el "Narcoterrorismo", cuyo objetivo es proteger el negocio ilicitico a través del cual adquieren recursos para su subsistencia a través de la intimidación al gobierno y a la población civil, a efecto de que estos no intervengan.[73]

Así tenemos que la doctrina, trata de definir al narcoterrorismo como "La utilización del tráfico de drogas para promover los objetivos de organizaciones terroristas y grupos armados o del mantenimiento por parte de los grupos terroristas y de los narcotraficantes de zonas dentro de las entidades federativas al margen de la autoridad".[74]

Grupos terroristas y uso de internet.

El internet es una herramienta para el terrorismo en la tarea de lograr sus objetivos por las ventajas y facilidades que presenta para la comisión de ţ ţenţţ doţ. Tţ leţ ţon loţ cţţoţ de: Oţcţ r conţrţ Eţpţ ñţ; Mufid conţrţ Eţţţ doţ Unidoţ; y el de lţ Fundţ ción de la Selva Negra en el tema de financiamiento al terrorismo.

---

[73] Donde Matute, Javier. Delincuencia Organizada y Terrorismo en México, en Steiner, Christian, Terrorismo y Derecho Penal, Bogotá, Colombia, 2015 pp.220-221).

[74] Venegas, José María. Diccionario del Terrorismo, Espasa, Madrid, España 2004, pp. 406-407.

El cyberterrorismo no es otra cosa que un acto clásico de terrorismo en el cual el autor utiliza la red o medios informáticos para cumplir sus objetivos, lo cual si bien puede en alguna medida dificultar la persecución de los resultados responsables por la impersonalidad del medio utilizado, no por ello debe ser tomado como simple hecho de hacking o cracking en la cual en la mayoría de los casos puede, según la legislación vigente en cada Estado, quedar impune.[75]

Hoy en día con el surgimiento de fenómenos naturales, sociales y políticos. Sean éstas de origen natural, social u ocasionado como el caso del Covid-19, difundido en los medios masivos de comunicación o en los aparatos ideológicos del Estado, están causando terror psicológico en los seres humanos, en especial en aquellas personas que son fáciles de dominar y sujetar mediante el uso del control social informal, proveniente de personas no especializados como los conductores de información en los medios de comunicación, de las TICs con el uso de redes sociales, el internet, la radio, la televisión, u otro medio masivo de comunicación, para fundar terror psicológico en los ciudadanos a nivel mundial.[76] Cuando en realidad existen y están comprobados otras enfermedades más mortales en el planeta tierra como la diabetes en sus diversos tipos, el cáncer con variantes, los problemas cardiacos, entre otras enfermedades mortales.

El internet como herramienta de los terroristas hoy en día le sirve para el reclutamiento de seguidores y para el financiamiento de sus operaciones, ţdemáţ de recluţţr genţe, propţgţr el menţţje; reţlizţr ţrţnţferenciţţ inţerbţncţriţţ de dinero; exţorţionţr ţ pţrţe de lţ ţociedţd civil, a las instituciones financieras y a las propias autoridades, entre otras actividades. Además, aparece la incitación que es la inducción con fuerza a alguien para la realización de una acción de tipo delictivo.

El financiamiento del terrorismo es un apoyo económico a sus integrantes o a personas relacionadas con sus actividades con la finalidad de que logren sus objetivos y fines. Los terroristas utilizan el internet para recaudar fondos y recursos que pueden clasificarse en cuatro categorías: recaudación directa, el comercio electrónico, el empleo de servicios en pago en línea y las contribuciones a organizaciones benéficas.

<hr>

[75] Campoli, Gabriel Andrés. Derecho Penal Informático en México, Instituto Nacional de Ciencias Penales (INACIPE), México, 2004, p. 76.

[76] Juárez Pérez, Melecio Honorio. Comparativo de principales enfermedades mortales con el Covid-19, desde una panóptica nacional e internacional. Secretaría de Salud Gobierno Federal México y Organización Mundial de la Salud, México, mayo de 2020.

8.5 Teletrabajo.

El derecho laboral surge en México a finales del siglo XIX, y se desarrolló en el siglo XX, luego tuvo su relevancia y sustento legal en la Constitución de 1917, siendo un derecho subjetivo de la persona, al sustentarse en el artículo 5º de nuestra citada Ley Fundamental, al disponer en lo que nos interesa: "Toda persona podrá dedicarse a la industria o comercio que más le acomode, siendo lícito…"; luego los doctrinarios: Mario de la Cueva, dice que debe considerarse en "una definición que tome en consideración el fin perseguido por los derechos sociales, y por la ley, que es la idea de la justicia social, espíritu vivo del contenido de las normas, una definición que pasará sobre las cenizas del formalismo y del individualismo".[77] Siguiendo la justicia Aristotélico "trato igual a los iguales, y desigual a los desiguales", surge la necesidad de citar lo que dice en cuanto a éste derecho social, el jurista Alberto Trueba Urbina, que dice "derecho del trabajo, es un estatuto exclusivo del trabajador y de la clase obrera para alcanzar los fines que establece la propiţ definición; de mţnerţ que eţţe objeţo de lţ diţciplinţ no debe identificarse con los derechos que tienen los patrones, ni valorar a su antojo el cumplimiento de sus obligaciones, como sujetos de la relación laboral".[78]

La *Relación Laboral en México*, en términos de los artículos 6, 20 y 354 de la Ley Federal del trabajo, se da de dos formas el *"Individual y Colectivo"*. Ahora bien, se puede definir la Relación de Trabajo como una situación jurídica objetiva que se crea entre un trabajador y un patrón por la prestación de un trabajo subordinado, cualquiera que sea el acto o la causa que le dio origen, en virtud de la cual se aplica al trabajador un estatuto objetivo, integrado por los principios, instituciones y normas de la Declaración de los derechos sociales y de la Ley Federal del Trabajo, de los Convenios Internacionales, de los contratos colectivos, de los contratos-ley, de sus normas supletorias.[79]

Ahora bien, precisamente la relación laboral se da entre patrón y trabajador, pero el medio tecnológico utilizado es el internet, la evolución sin lugar a dudas es con la Informática forense donde se encomiendan la realización de

---

[77] De la Cueva, Mario. El Nuevo Derecho Mexicano del Trabajo, Tomo I, 17ª ed. Porrúa, México, 1990. P. 85.

[78] Trueba Urbina, Alberto. Derecho Social Mexicano, Porrúa, México, 1978, p. 346.

[79] Ibidem, p. 187.

determinadas actividades por el empleador hacia el subordinado trabajador, sin necesidad de us presencia física, ya que su presencia es virtual, pues basta con que se conecte a través de un sistema electrónico a través de dispositivo fijo o móvil y que cuente con el servicio de Internet y se desarrolla el trabajo, lo que se conoce como teletrabajo o trabajo a distancia, trabajo o en casa, entre otros términos o acepciones conocidos en el medio social.

Hoy en día, con el uso de internet, las redes sociales y las TICs, de los últimos años en materia laboral en relación con la informática aparece lo que hoy se conoce como teletrabajo o trabajo a distancia lo cual se puede definir como "Toda actividad física o intelectual que una persona física realice a través de un medio electrónico con el uso de internet a través de las redes sociales, lo cual permite realizar una actividad en un lugar diferente a la oficina, es decir la actividad laboral se realiza en un lugar alejado de oficinas, alejado de instalaciones de producción, de bienes o servicios, de ahí que el trabajo a distancia lo puede realizar el trabajador en cualquier espacio físico donde se encuentre en cualquier parte del mundo, basta con que tenga una computadora y que cuente con internet; eṭṭṭ ṭcṭividṭd hoy en díṭ ṭe puede reṭlizṭr deṭde un teléfono inteligente pues basta con que cuenten con los servicios de internet y que tenga todos los ordenadores dispositivos y con una cobertura ancha y con eso se activa y realiza el teletrabajo."[80]

El teletrabajo surge como en 1960 con Robert Weiner y su Teleworking, luego en 1976 el físico Jack Nilles usa el termino tele-communiting, posteriormente aparece el teletravail en Francia, la idea era llevar el trabajo al trabajador y no el trabajador al trabajo.

El teletrabajo es una nueva manera de trabajar a distancia o virtualmente, es una modalidad relativamente reciente en el mercado laboral y una alternativa viable que ofrece la interacción de las llamadas TICs, con la pérdida de referentes espacio temporales.

Podemos decir que el teletrabajo es un vínculo entre las labores o actividades laborales de un trabajador mediante la transmisión de la información en tiempos reales, en general por medios telemáticos.

Se dice que el teletrabajo surge en la década de 1960 con Robert Weinmer y su Teleworking, luego en 1976, le físico Jack Nills introduce el termino de tele-comuniting, surgiendo posteriormente el networking, Homeworking,

---

[80] Juárez Pérez, Melecio Honorio. Apuntes de Derecho Laboral, México, 2019.

Teworking y teletrabajo en Francia, la idea era llevar el trabajo al trabajador y no el trabajador al trabajo.

Para Janne Tate, uno de los redactores del informe sobre unos Teletrabajo de la Comisión Europea, la palabra teletrabajo se refiere a "Aquellas actividades ejercidas lejos de la cede de la empresa (se les denomina también en ocasiones, trabajo a distancia), a través de la comunicación diferida o directa por medio de las nuevas tecnologías."[81]

La Organización Internacional del Trabajo (OIT) ha señalado sobre el foro del diálogo mundial sobre las dificultades y oportunidades del teletrabajo para los trabajadores y empleadores en los servicios de tecnología de la información y las comunicaciones y financieros[82], el siguiente concepto:

"Dado que el trabajo a distancia y la utilización de nuevas tecnologías entrañan siempre cambio organizacionales, parece apropiado definir el teletrabajo como una forma de organización del trabajo con las siguientes características: a) el trabajo se realiza en un lugar distinto del establecimiento principal del empleador o de las plantas de producción, de manera que el trabajador no mantiene un contacto personal con los demás colegas de trabajo y b) las nuevas tecnologías hacen posible esta separación al facilitar la comunicación. Además, el teletrabajo puede realizarse (en línea) (con una conexión informática directa) o (fuera de línea), organizarse de manera individual o colectiva, constituir la totalidad o una parte de las tareas del trabajador, y ser ejecutado por trabajadores independientes o trabajadores asalariados."

Del citado concepto se desprenden modalidades que puede tomar el teletrabajo y la forma en que se puede desarrollar:

Escritorio multiusuario *(hot desking).* El trabajador trabaja a distancia una parte o la mayor parte del tiempo, y el resto del tiempo en la oficina principal. Cuando trabaja en la oficina principal, el trabajador ocupa un despacho no asignado, atribuido para una utilización puntual, y no dispone de un escritorio que le estaría reservado durante sus períodos de teletrabajo.

---

[81] Tate, Janne. Uno de los Redactores del Informe sobre teletrabajo, Comisión Europea, 2002.

[82] Página en Internet de la OIT Organización Internacional del Trabajo, documento Las dificultades y oportunidades del teletrabajo para los trabajadores y empleadores en los sectores de servicios de tecnología de la información y las comunicaciones (TIC) y financieros, Dirección en Internet: http://www.ilo.org/wcmsp5/groups/public/---ed_dialogue/---sector/documents/publication/wcms_531116.pdf

Escritorio multiusuario con reserva *(hotelling).* Sistema similar al del escritorio multiusuario, pero los trabajadores deben realizar una reserva previa.

Telecentros. Instalaciones que ofrecen estaciones de trabajo y otro equipo de oficina a los trabajadores de diversas entidades. Este tipo de teletrabajo se considera útil en la medida en que la tecnología que ofrecen es mejor que la disponible en la oficina a domicilio, pero se estima que está en declive debido al acceso generalizado a las redes de banda ancha, los ordenadores portátiles y los teléfonos inteligentes.

Oficinas colaborativas. Se trata de entornos de trabajo virtuales en los que los trabajadores pueden trabajar en colaboración desde distintos lugares gracias a una red informática."[83]

Por otra parte, el Acuerdo Marco Europeo sobre Teletrabajo[84], el cual tiene como objeto elaborar un marco general a escala europea para las condiciones laborales de los teletrabajadores y compaginar las necesidades de flexibilidad y seguridad comunes a los empresarios y los trabajadores, se indica la siguiente definición:

"El teletrabajo es una forma de organización y/o de realización del trabajo, utilizando las tecnologías de la información en el marco de un contrato de una relación de trabajo, en la cual un trabajo que podría ser realizado igualmente en los locales de la empresa se efectúa fuera de estos locales de forma regular."

Por su parte el Estado mexicano, también ha incursionado en la globalización de los fenómenos de las TICs aplicados en materia laboral, de ahí que ha tratado de reformar sus normas jurídicas aplicables en materia de tecnologías sobre todo aquellos aplicados a la materia laboral, para estar a la vanguardia internacional y darle respuesta a empleadores y empleados, vinculados en una relación laboral derivado del teletrabajo, lo cual se está desarrollando en la república Mexicana.

---

[83] Gamboa Montejano, Claudia, y Ayala Cordero, Arturo. Teletrabajo, Dirección General de Servicios de Documentación, Información y Análisis, Cámara de Diputados LXIII Legislatura, México, 2017, p. 7.
[84] Página de Internet de, Unión Europea, Access to European Union Law Acuerdo Marco Eropeo de 16 de Julio de 2002 Sobre Teletrabajo. Dirección en Internet: http://eur-lex.europa.eu/legal-content/ES/TXT/?uri=LEGISSUM%3Ac10131

En tanto que, la **Norma Mexicana,** en igualdad laboral y no discriminación[85], se indica en la parte correspondiente que esta Norma Mexicana, tiene por objeto "establece los requisitos para que los centros de trabajo públicos, privados y sociales, de cualquier actividad y tamaño, integren, implementen y ejecuten dentro de sus procesos de gestión y de recursos humanos, prácticas para la igualdad laboral y no discriminación que favorezcan el desarrollo integral de las y los trabajadores.

Finalmente en la aprobación del proyecto de reforma, adición y derogación de diversas disposiciones de la Ley Federal del Trabajo, no se incluyó expresamente al *"Teletrabajo"* como parte de las nuevas disposiciones normativas laborales, quedando sólo adicionado el artículo 311[86] del capítulo XII denominado *Del Trabajo a Domicilio,* con un segundo párrafo, y pasando el anterior segundo párrafo a ser el tercero de la siguiente forma:

"Artículo 311.- Trabajo a domicilio es el que se ejecuta habitualmente para un patrón, en el domicilio del trabajador o en un local libremente elegido por él, sin vigilancia ni dirección inmediata de quien proporciona el trabajo.

Será considerado como trabajo a domicilio el que se realiza a distancia utilizando tecnologías de la información y la comunicación.

Si el trabajo se ejecuta en condiciones distintas de las señaladas en este artículo se regirá por las disposiciones generales de esta Ley."

En la parte relativa a términos y definiciones se refiere al teletrabajo de la siguiente forma: *"Actividad laboral que permite trabajar de manera no presencial utilizando medios informáticos en un lugar distinto a las instalaciones del centro de trabajo."*

Como se desprende del texto legal, no es muy precisa en teletrabajo, pero podemos decir que al menos engloba en lo general dicha figura jurídica.

El teletrabajo es una forma flexible de organización del trabajo que consiste en el desempeño de la actividad profesional sin la presencia física del trabajador en la empresa durante una parte importante de su horario laboral. Engloba actividades que puede realizarse en tiempo completo o parcial. Una actividad en el teletrabajo implica el uso de un medio de telecomunicación para el contacto entre el teletrabajador y la empresa.

---

[85] Página de Internet del Diario Oficial de la Federación, Diario Oficial del 19 de octubre de 2015 Dirección en Internet: http://www.dof.gob.mx/nota_detalle.php?codigo=5411973&fecha=19/10/2015

[86] Ley Federal del Trabajo, Leyes Federales Vigentes, página de Internet de la H. Cámara de Diputados http://www.diputados.gob.mx/LeyesBiblio/index.htm

El Acuerdo Europeo ha señalado los siguientes requisitos para el empleador de un teletrabajador:

Carácter voluntario: el teletrabajo es voluntario para el trabajador y para el empleador. El teletrabajo puede ser requerido como parte de una descripción inicial del puesto de trabajo o también puede estar asociado a un acuerdo voluntario entre patrón y trabajador vía línea a través del internet.

Protección de datos: El empleador es responsable de tomar las medidas adecuadas, particularmente, en lo referente a herramientas informáticas. El empleador informa al teletrabajador de la legislación y de las normas de la empresa pertinentes para la protección de datos.

Vida privada: El empleador debe respetar la privacidad del teletrabajador.

Salud y seguridad: El empleador es responsable de la protección de la salud y seguridad de los profesionales y de informar sobre la política de empresa y las normas vigentes en estos temas. El trabajador es responsable de cumplirlas.

Formación: El teletrabajador tiene iguales derechos de capacitación igual que el resto de los trabajadores.

Equipamiento: Por regla general el empleador es responsable de la provisión, instalación y mantenimiento, a menos que el trabajador utilice su propio equipo.

Organización del trabajo: La organización de la jornada del trabajo es responsabilidad el empleado.

Obligaciones: La carga laboral y los criterios de resultados del teletrabajador son equivalentes a los del resto de los trabajadores. El empleador debe asegurar la aplicación de medidas para evitar el aislamiento del resto de los trabajadores de la empresa.

Condiciones de trabajo: Los teletrabajadores se beneficiaran de los mismos derechos que el resto de los trabajadores de la empresa, de acuerdo con la legislación aplicable y los acuerdos colectivos.

Derechos colectivos: Los teletrabajadores tienen los mismo derechos colectivos que los trabajadores.

En el caso de México también ya se reconocen los trabajos realizados de lo que se conoce como teletrabajo, ya que también ya se encuentran regulado y existen empresas que ofertan el empleo a trabajadores, los cuales realizan sus actividades a través de una red de telecomunicación, pues basta con que cuenten con internet para que puedan desarrollar dicha actividad, en México al trabajador que realiza sus actividades en el teletrabajo se le conoce este como un derecho humano, el cual se encuentra regulado en los artículos 5 y 123 de la Constitución Política de los Estados Unidos Mexicanos y en la Ley Federal de Trabajo, además se les reconoce las mismas condiciones de trabajo, así como a sus derechos sociales laborales.

Dentro de los trabajos que se pueden adquirir en el teletrabajo son:

A) Administración de bases de datos.

B) Consultoría en diferentes profesiones.

C) Atención al cliente.

D) Edición de texto.

E) Diseño gráfico.

F) Diseño web.

G) Entrada de datos.

H) Periodismo.

I) Escritores.

J) Programadores informáticos.

K) Consultas telefónicas.

L) Traductores.

M) Teleprocesamiento.

N) Vigilancia electrónica.

Estas son oportunidades profesionales de ocupaciones de actividades de teletrabajo.

Ventajas

Para el trabajador.

i) mayor disponibilidad y aprovechamiento del tiempo.

ii) no tienen necesidad de traslados que implican gastos de dinero y tiempo.

iii) Menor gasto en vestimenta.

iiii) Aumenta su eficiencia por que ejecuta tareas según un objetivo.

iiiii) Permite trabajar a embarazadas y madres con bebes que no pueden salir de su casa.

iiiiii) Permite trabajar a los discapacitados que no pueden desplazarse.

iiiiiii) Otorga gran flexibilidad de horario.

iiiiiiii) Reduce el estrés.

iiiiiiii) Permite trabajar para empresas del exterior o de otras localidades sin desplazarse.

Para la empresa.

i) Reducción de precios para la infraestructura, alquiler y electricidad y otros gastos.

ii) Aumento de la productividad.

iii) Reducción del ausentismo.

iiii) Inexistencia de conflictos de convivencia entre el personal.

iiiii) Posibilidad de ampliar horarios de trabajo.

iiiiii) Mejores plazos de entrega de tareas.

Para la sociedad.

i) Menor contaminación ambiental por reducción de los desplazamientos.

ii) Menos congestión de transito vial.

iii) Desarrollo para zonas alejadas o rurales.

iiii) Descongestión de las grandes áreas urbanas. (a donde los trabajadores se mudan para estar cerca de las empresas.)

Desventajas

Para el trabajador

i) Aislamiento.

ii) Falta de diferenciación entre el ámbito del hogar y el profesional

iii) Perdida de algunas garantías laborales.

Para la empresa.

i) Disminuye el control sobre el operando.

ii) Las tareas deberán combinarse mejor.

iii) Mayor necesidad de motivar el empleado.

iiii) Posible competencia desleal del trabajador.

iiiii) Posible uso de los medios tecnológicos de la empresa para fines propios del operario.

Modalidades.

Teletrabajo en casa.

i) Teletrabajadores empleados: El hogar como lugar de trabajo estipulado en un contrato con el empleador.

ii) Autoempleado o Freelance.

iii) Aquellos que inician una aventura empresarial desde su propia casa.

Teletrabajo en oficinas remotas.

i) Centros de recursos compartidos: Es un centro que arrutina en un solo edificio una serie de prácticas relacionadas con el teletrabajo y organiza los recursos humanos de la empresa para tener mayor efectividad y flexibilidad.

Poseen gran equipamiento de tecnologías de la información y telecomunicaciones.

ii) Telecentros u oficinas satélites: son lugares que aunque distantes entre si, trabajan conjuntamente en entorno dirigido. De este modo, una empresa puede tener sus oficinas y departamentos en diferentes lugares, (pero trabajando conjuntamente compartiendo recursos.)

iii) Telecottages: un tipo especial de telecentro, pero ubicado en zonas rurales.

Televillage.

Es un concepto que supone el combinar un estilo de vida en el campo con el acceso a las grandes redes de información. En este caso serian aquellos pueblos conectados en su totalidad a este tipo de redes, como pudiera ser solo el municipio de "Miahuatlán de Porfirio de Díaz Oaxaca, México" donde se va la figura de teletrabajo, donde una empresa contrate los servicios de un trabajador, que puede ser desde una oficina, o desde su casa realice determinados trabajos a través de telecomunicaciones, y se fije un horario de atención, las condiciones de trabajo que fijan la misma ley de trabajo que debe desempeñar el trabajador.

Este tipo de actividades laborales se da hoy en día en cualquier país en el mundo, pues el avance tecnológico aporta y brinda éstas oportunidades al empleado de elegir éste trabajo, pues basta con que cuente con redes de información a través de las TICs.[87]

Teletrabajo móvil.

Son aquellos trabajadores que desarrollan sus actividades en diferentes lugares (que no quieren un lugar fijo). Para eso necesitan de un equipo fácil de usar y transportar.

Teletrabajo individual y colectivo.

El teletrabajo individual comprende:

A) Teletrabajo realizado parcialmente en casa para usa sola empresa.

B) Teletrabajo realizado enteramente en casa para una sola empresa.

C) Teletrabajo realizado enteramente en casa para varias empresas.

D) Varias formas de trabajo móvil o desde lugares distintos.

En la categoría de formas colectivas de teletrabajo se incluyen la siguiente:

---

[87] Juárez Pérez, Melecio Honorio. Apuntes de Derecho y Legislación en Informática, Curso de Verano, Unsis, México, 2019.

A) Redistribución de las funciones de apoyo al trabajo de oficina en otras regiones o países (Redistribución interempresarial).

B) Subcontratación de las funciones de apoyo (interempresarial, incluyendo el uso de telecottages y centro de trabajo.

C) Trabajo en grupo, el desarrollo de trabajo en grupo repartido en el seno de la organización, trabajo realizado en colaboración con otras empresas a través del intercambio electrónico de datos y redes de pequeñas y medianas empresas e individuos, conectados entre si mediante la informática y las telecomunicaciones.

Características de un contrato de teletrabajo.

En el desarrollo del Primer Congreso Inter- Americano de Teletrabajo CIT 2002 Michel Ickx, Marian Navarro Pérez y Paloma Hernández-Nieto, consideraron que las principales características de un contrato de teletrabajo son:

A) La distancia (El teletrabajador realiza su tarea en un lugar a libre elección). La opción mas elegida es la de alternar unos días de actividad en la empresa con otros en cualquier otra ubicación.

B) Valoración por objetivos y no por horarios (por tanto, la libre disposición de su tiempo por el trabajador, ya que lo que interesa es la entrega a tiempo del trabajo encomendado).

C) Detallada y completa descripción de las características de la tarea a realizar, plazos de desarrollo y entrega, tipo de contratación, modo de pago, distribución de gastos (material, seguros, cotización, etcétera).

D) En la mayoría de los casos de teletrabajo por cuenta propia el trabajador no se mide por horas, ya que esto solo corresponde al pasado del trabajo por cuenta ajena y por presencia en las instalaciones de la empresa.

Problemática jurídica.

Con las últimas reformas de la Ley Federal del Trabajo, atendiendo al crecimiento de este fenómeno, así como su dimensión internacional hace imprescindible una relación o un marco legal mínimo donde se contemple el cyberworker desde todos los puntos de vista posibles:

Derechos y obligaciones del trabajador y del patrón.

El teletrabajo, al estar regulado por la Ley Federal del trabajo, se sujeta a las condiciones de trabajo regulado por los artículos 20, 25 y relativos de la citada norma jurídica, de ahí que impone derechos y obligaciones tanto para el empleador y trabajador en una relación laboral.

Referencias bibliográficas

Abad, Castellos, Monserrat. "El concepto jurídico de terrorismo y los problemas relativos a su ausencia en el ámbito de las naciones unidas", en Iglesias Sánchez, Sahara (coordinador), terrorismo y legalidad internacional, editorial Dykinson, Madrid, 2012.

Campoli, Gabriel Andrés. Derecho Penal Informático en México, Instituto Nacional de Ciencias Penales (INACIPE), México, 2004.

Castellanos Tena, Fernando. Lineamientos Elementales del Derecho Penal Mexicano, 18ª edición, Porrúa México, 2008.

García Maynez, Eduardo, Introducción al Estudio del Derecho, 61ª edición, Porrúa, México, 2009.

Davara Rodríguez, Miguel Ángel. Comercio electrónico, Aranzadi-Davara & Davara, Madrid, 2002.

De la Cueva, Mario. El Nuevo Derecho Mexicano del Trabajo, Tomo I, 17ª ed. Porrúa, México, 1990.

Donde Matute, Javier. Delincuencia Organizada y Terrorismo en México, en Steiner, Christian, Terrorismo y Derecho Penal, Bogotá, Colombia, 2015.

Feal Vázquez, Javier. Terrorismo Internacional, Boletín de Información, Ministerio de Defensa, España, número 275, 2002.

Félix Takia, Ricardo de la Luz. Estrategias contra el Terrorismo Internacional, Porrúa e Instituto Internacional del Derecho y del Estado, México, 2005.

Ferrajoli, Luigi, *Democracia y garantismo*, edición de Miguel Carbonell, Madrid, Trotta, 2008.

Ferrajoli, Luigi. *Sobre los derechos fundamentales y sus garantías*, traducción de Miguel Carbonell, Antonio de Cabo y Gerardo Pisarello, México, CNDH, 2006.

Ferrajoli, Luigi. Teoría Garantista de Derecho Penal, Tenos, Madrid, España, 2008.

Gamboa Montejano, Claudia, y Ayala Cordero, Arturo. Teletrabajo, Dirección General de Servicios de Documentación, Información y Análisis, Cámara de Diputados LXIII Legislatura, México, 2017.

García Barrera, Myrna Elia. Derecho de las nuevas tecnologías, Instituto de Investigaciones Jurídicas-UNAM, México, 2008.

García Ramírez, Francisco Javier. Escuela Poder y Currículum, Cescijuc, México, 2016.

Juárez Pérez, Melecio Honorio. Apuntes de Derecho Laboral, México, 2019.

Juárez Pérez, Melecio Honorio. Apuntes de la Materia Derecho y Legislación en Informática, curso de verano, Unsis, Oaxaca, México, 2019.

Juárez Pérez, Melecio Honorio. Comparativo de principales enfermedades mortales con el Covid-19, desde una panóptica nacional e internacional. Secretaría de Salud Gobierno Federal México y Organización Mundial de la Salud, México, mayo de 2020.

Juárez Pérez, Melecio Honorio. Curso de Derecho Procesal Civil, impartido en la Escuela Judicial del Consejo de la Judicatura y del Poder Judicial del Estado de Guerrero, México, febrero, marzo, abril y mayo de 2019 (curso de 60 Horas).

Juárez Pérez, Melecio Honorio. Curso de Derecho Civil, Posgrado Escuela Judicial del Poder Judicial y del Consejo de la Judicatura del Estado de Guerrero -Requisitos de Validez de los Contratos Civiles-.México, 2019.

Juárez Pérez, Melecio Honorio. Concepto de Seguridad Pública, interpretando el artículo 21 de la Carta Magna, México, 2020.

Juárez Pérez, Melecio Honorio. Normas Jurídicas nacionales e internacionales que regulan a la Firma electrónica.

Juárez Pérez, Melecio Honorio. Tópico de los contratos /clases de maestría/ impartida en la Universidad Autónoma "Benito Juárez" de Oaxaca, México mayo-junio-2016.

Juárez Pérez, Melecio Honorio. Derecho Fiscal desde una Perspectiva Empresarial, EAE-Amazón, España, 2017.

Juárez Pérez, Melecio Honorio, Toto, Jiménez, Diego, Martínez Pelaez, Rafael. Derecho Informático: ¿Necesario para reducir delitos en la Red?, EAE y amazón, España, 2016.

Juárez Pérez, Melecio Honorio. (Licenciado en Derecho, cuenta con dos Maestrías, tres Doctorados y un Posdoctado). Autor de libros publicados en editoriales de prestigio, artículos, Journal, Paper publicados en revistas de prestigio. Investigador, Docente, Conferencista Nacional e Internacional. Además, destacado por sus reconocimientos nacionales e internacionales, y su excelencia académica.

Juárez Pérez, Melecio Honorio. Primer Autor en la presente obra. Titular de la materia de "Derecho Civil, Mercꞇ nꞇil y Fꞇ miliꞇ r; Argumenꞇꞇ ción y Redꞇ cción de Sentencias Judiciales" de la Escuela Judicial del Poder Judicial del Estado de Guerrero, de 2018 a la fecha. Así, como Titular de las materias de "Derecho Penal, Derecho Penal Internacional, Derecho Constitucional, Juicio de Amparo, Metodología de la Investigación, Género y Sistema Penal", entre otras materias de 2010 a la Fecha, a nivel Maestría y Doctorado Semi-escolarizado (sábados), en el Centro de Estudios Superiores en Ciencias Jurídicꞇꞇ y Criminológicꞇꞇ; y mꞇeꞇro de "Tópico de los Contratos" a nivel maestría en la Facultad de Derecho de la Universidad Autónoma "Benito Juárez" de Oaxaca.

Laqueur, Walter. Una historia del terrorismo, Paidós, España, 2003.

Morán Martín, Remedios. Los derechos sobre la cosa, el derecho de propiedad y derecho de posesión. Historia del Derecho Privado, Penal y Procesal. Tomo I, Parte Teórica. Editorial Universitas. El artículo 544 del Código Civil Francés establece que "La propiedad es el derecho de gozar y disponer de una cosa de la manera más absoluta, siempre que no se haga de ella un uso prohibido por las leyes o por los reglamentos".

Ríos Juan José. Derecho e Informática en México, informática jurídica, y derecho de la informática, UNAM, Instituto de Investigaciones Jurídicas, México, 1997.

Ruiz, Silvia y F. Pedro. La Contratación Electrónica, Revista del Colegio de Abogados de Puerto Rico, Volumen 66, número 2 abril-junio, Puerto Rico, 2005.

Stern, Jessica. El terrorismo definido, cuando lo impensable sucede, Granica, Barcelona, España, 2001.

Tate, Janne. Uno de los Redactores del Informe sobre teletrabajo, Comisión Europea, 2002.

Téllez Valdés, Julio. Contratos Informáticos, UNAM, Instituto de Investigaciones Jurídicas, México, 1988.

Téllez Valdés, Julio. Derecho Informático, 3ª ed., MacGraw-Hill, México, 2006.

Téllez Valdés, Julio. Derecho Informático, 4ª ed., MacGrawHill, México, 2009.

Trueba Urbina, Alberto. Derecho Social Mexicano, Porrúa, México, 1978

Universidad Nacional Autónoma de México. Cuadernos de la UNAM, Unidad de Apoyo para el Aprendizaje, IIJ-UNAM, México, 2017.

Diccionarios

Instituto de Investigaciones Jurídicas de la UNAM. Diccionario Jurídico Mexicano Tomo P-Z, IIJ-UNAM/Porrúa, México, 1992.

Martínez Silva, Mario, y Salcedo Aquino, Roberto. Diccionario Electoral 2000. Instituto Nacional de Estudios Políticos A.C. (INEP), México, 2000.

Venegas, José María. Diccionario del Terrorismo, Espasa, Madrid, España 2004.

Jurisprudencia

Poder Judicial de la Federación. Jurisprudencia de Registro número 172452, Li 1°, C 165C, Tribunales Colegiados de Circuito, Novena Época, Semanario Judicial de la Federación y su Gaceta, Tomo XXV, mayo de 2007, página 2121.

Organismos Internacionales

Organización de las Naciones Unidas. La firma Electrónica en Derecho Mercantil de las Naciones Unidas, y Derecho Mercantil Internacional, 2001.

Unión Europea. La Seguridad de la Firma Electrónica, es un aporte y desarrollo tecnológico necesario que se incrustó por el Reglamento Eldas del Parlamento Europeo.

Comentarios Dr. Melecio Honorio Juárez Pérez

La Transformación del **Gobierno Tecnológico** a <u>**Gobierno Digital**</u> para dar respuesta a la automatización de los trámites y servicios públicos.

Congresos de la Unión, LXII Legislatura. Reformas del 29 de mayo de 2000 que entraron en vigor el 29 de agosto del 2000. Reformas al Código Civil Federal, Código Federal de Procedimientos Civiles, Código de Comercio y

Ley Federal de Protección al Consumidor. Cámara de diputados, México. 2000.

Congreso de la Unión, LXIV Legislatura. Ley Federal del Derecho de Autor, Cámara de Diputados, México, 2020.
Nota. Se hace referencia a la Ley Federal del Derecho de Autor, en la parte aplicable a la propiedad intelectual aplicable al autor, la creación de obras literarias y artísticas, así como los programas y software aplicables en materia de informática, desde la visión del **Dr. Melecio Honorio Juárez Pérez**, como docente e investigador nacional e internacional.

Cada Norma Jurídica que regula la seguridad electrónica e informática, aunque en forma no tan clara prevén reglas de seguridad aplicables al objeto de seguridad prevista en cada norma, pero no debemos olvidar, que la seguridad es imprescindible ya que debe representar certeza y confianza en los usuarios.

Legislación mexicana vigente

Congreso de la Unión, LXIV Legislatura. Código Civil Federal, (consentimiento expreso de documento electrónico), Cámara de Diputados, México, 2020.

Congreso de la Unión, LXIV Legislatura. Código de Comercio, (análisis de comercio electrónico), Cámara de Diputados, México, 2020.

Congreso de la Unión, LXIV Legislatura. Código Fiscal de la Federación, (análisis de factura, su expedición y uso en la vida real), Cámara de Diputados, México, 2020.

Congreso de la Unión, LXIV Legislatura. Código Federal de Procedimientos Civiles, Cámara de Diputados, México, 2020.

Congreso de la Unión. LXIV Legislatura. Código Fiscal de la Federación, Cámara de Diputados, México, 2020.

Congreso de la Unión, LXIV Legislatura. Código Nacional de Procedimientos Penales (parte aplicable a la informática), Cámara de Diputados, México, 2020.

Congreso de la Unión, LXIV Legislatura. Código Penal Federal, Cámara de Diputados, México, 2020.

Congreso de la Unión, LXIV Legislatura. Constitución Política de los Estados Unidos Mexicanos, Cámara de Diputados, México, 2020.

Congreso de la Unión, LXIV Legislatura. Ley Federal de Protección de Datos Personales en Protección de Particulares, Cámara de Diputados, México, 2020.

Congreso de la Unión, LXIV Legislatura. Ley Federal de Transparencia y Acceso a la Información Pública Gubernamental, Cámara de Diputados, México, 2020.

Congreso de la Unión, LXIV Legislatura. Leyes Federales y Poderes Estatales. Cámara de Diputados, México, 2020.

Congreso de la Unión, LXIV Legislatura. Ley de Firma Electrónica Avanzada (creada en 2012, Cámara de Diputados, México, 2020.

Congreso de la Unión, LXIV Legislatura. Ley de Firma Electrónica Avanzada (Artículo 17.- requisitos que debe tener el certificado digital), Cámara de Diputados, México, 2020.

Congreso de la Unión, LXIV Legislatura. Ley de la Propiedad Industrial, Cámara de Diputados, México, 2020.

Congreso de la Unión, LXIV Legislatura. Ley Orgánica de la Administración Publica Federal, México, 2020.

Páginas web

Página en Internet de la OIT Organización Internacional del Trabajo, documento Las dificultades y oportunidades del teletrabajo para los trabajadores y empleadores en los sectores de servicios de tecnología de la información y las comunicaciones (TIC) y financieros, Dirección en Internet: http://www.ilo.org/wcmsp5/groups/public/---ed_dialogue/---sector/documents/publication/wcms_531116.pdf

Página de Internet de, Unión Europea, Access to European Union Law Acuerdo Marco Eropeo de 16 de Julio de 2002 Sobre Teletrabajo. Dirección en Internet: http://eur-lex.europa.eu/legal-content/ES/TXT/?uri=LEGISSUM%3Ac10131

Página de Internet del Diario Oficial de la Federación, Diario Oficial del 19 de octubre de 2015 Dirección en Internet: http://www.dof.gob.mx/nota_detalle.php?codigo=5411973&fecha=19/10/2015

Ley Federal del Trabajo, Leyes Federales Vigentes, página de Internet de la H. Cámara de Diputados http://www.diputados.gob.mx/LeyesBiblio/index.htm

www.ingramcontent.com/pod-product-compliance
Lightning Source LLC
Chambersburg PA
CBHW071414150726
48000CB00001B/317